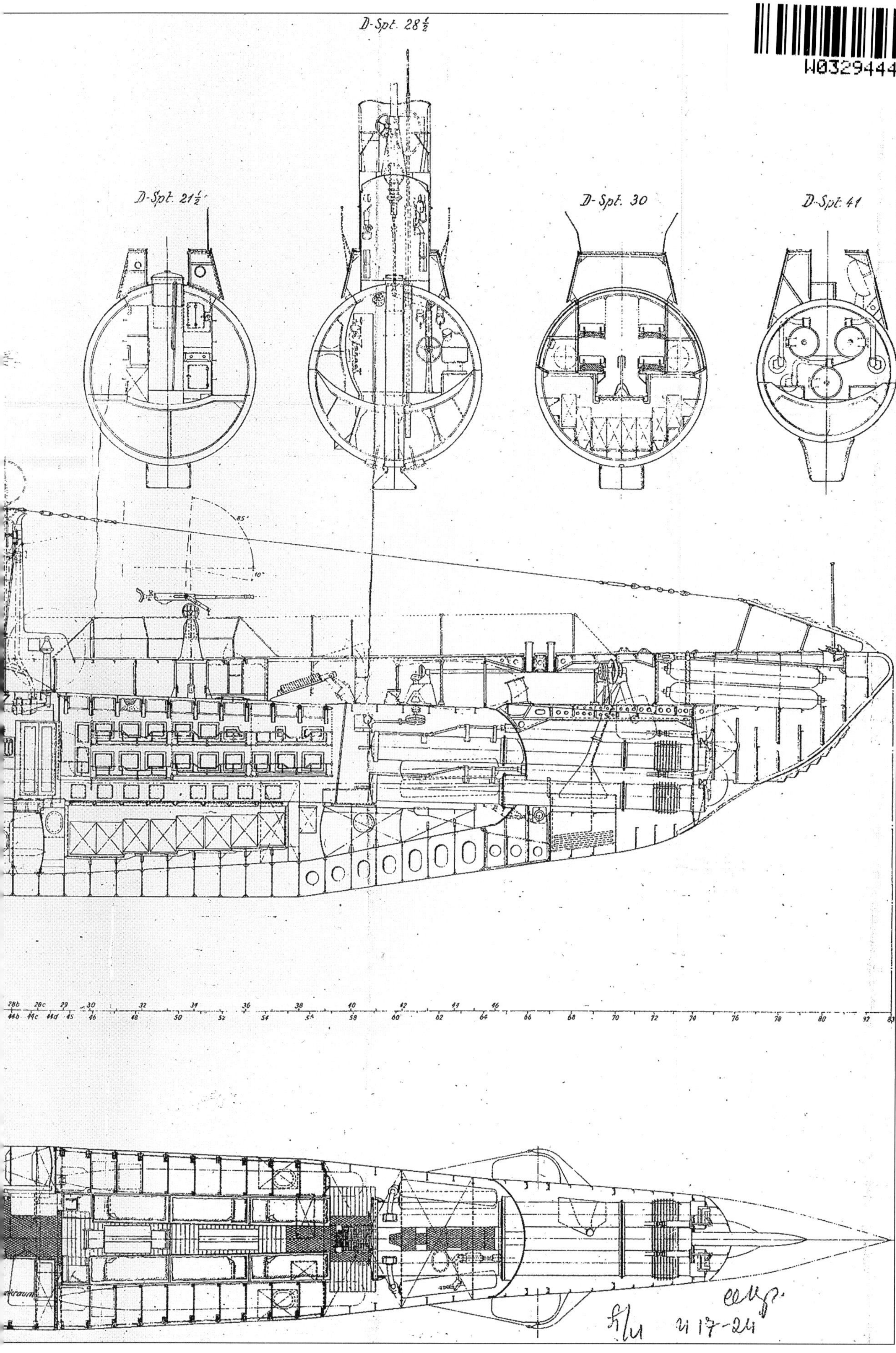
D-Spt. 28 1/2
D-Spt. 21 1/2
D-Spt. 30
D-Spt. 41

Gerd Enders

Deutsche U-Boote zum Schwarzen Meer

Gerd Enders

Geheim

Deutsche U-Boote zum Schwarzen Meer

1942-1944

Eine Reise ohne Wiederkehr

seit 1789

Verlag E.S. Mittler & Sohn GmbH
Hamburg · Berlin · Bonn

Bildnachweis

Autobahnmeisterei Legefeld (1), Bogen (2), Deutsche Gesellschaft für Eisenbahngeschichte (4), Departement of Geography Keele (5), Deutsches Museum München (2), Diaconesco (1), Eggert (1), Garms (11), Gaude (1), Kaminski (2), Koslinski (1), Lubjanov (3), Mauerer (4), Militärarchiv Koblenz (1), Militärarchiv Potsdam (27), Petersen (6), PK Konstanza (2), Schäle (1), Schneider (2), Schiffahrtsdirektion Kiel (1), Stadtarchiv Ingolstadt (1), Stadtarchiv Kiel (2), Taube (2), U-Boot-Archiv Cuxhaven (3), Wasserstraßenamt Regensburg (1)
Titelvorderseite: Garms, Kiel
Titelrückseite: Deutsche Gesellschaft für Eisenbahngeschichte
Alle weiteren Aufnahmen: Bildsammlung Enders

Die Deutsche Bibliothek – CIP-Einheitsaufnahme

Deutsche U-Boote zum Schwarzen Meer : 1942 - 1944
Eine Reise ohne Wiederkehr / Gerd Enders. -
Hamburg ; Berlin ; Bonn : Mittler, 1997
ISBN 3-8132-0520-7
NE: Enders, Gerd

ISBN 3 8132 0520 7; Warengruppe 21

Schutzumschlaggestaltung: Hans-Peter Herfs-George
Layout und Produktion: Alexandra Busch
Lithographie und Belichtung: Einsatz Creative Production, Hamburg
Druck und Bindung: Druckhaus Köthen, Köthen
Printed in Germany

Inhaltsverzeichnis

Zum Geleit

Gerd Enders, selbst Angehöriger der Besatzung eines Schwarzmeer-U-Bootes und Autor eines Buches »Auch kleine Igel haben Stacheln« über deren Einsatz, legt mit diesem Band eine Foto- und Text-Dokumentation über die sechs deutschen U-Boote des Typs II B vor, die vom Oktober 1942 bis zum September 1944 im Schwarzen Meer operierten.

Mit einer bisher nicht zugänglichen Serie von Fotos und Skizzen belegt er den abenteuerlichen Transport der U-Boote von Kiel durch den Kaiser-Wilhelm-Kanal zur Elbe bis Dresden, dann über die Autobahn nach Ingolstadt und weiter auf der Donau nach Galatz, wo die Boote wiederhergestellt und in Dienst gestellt wurden, um dann über Sulina zu ihrem Einsatzhafen Konstanza zu gelangen.

Genau sind die Feindfahrten und Angriffe dokumentiert, wobei es erstmalig möglich war, die Ergebnisse anhand jetzt zugänglich gewordener sowjetischer Quellen genau aufzulisten und damit eine Lücke in unserer bisherigen Kenntnis zu schließen.

Zahlreiche Fotos vermitteln einen Eindruck von den verschiedenen Nachrüstungen der Boote und vor allem von ihren Kommandanten und Besatzungen. Von besonderem Interesse dürften die Details über die Versuche mit dem Unterwasser-Abschuß von Pulver-Raketen 1944 sein, mit denen die 1942 vor Peenemünde mit *U 511* gemachten Experimente fortgesetzt wurden, wenn es auch nicht mehr zu einem Einsatz dieser Waffe kam.

Eindrucksvoll sind die Aufzeichnungen des Kommandanten eines der Boote über die letzte Fahrt, die mit der Selbstversenkung des Bootes an der türkischen Küste im September 1944 endete.

Wir müssen dem Autor für seine mühevolle und langwierige, aber schließlich erfolgreiche Sammlung dieser eindrucksvollen Dokumentation dankbar sein, die uns ein sonst kaum beachtetes Kapitel des deutschen U-Boot-Einsatzes in Erinnerung ruft.

Stuttgart, im Dezember 1996 *Prof. Dr. Jürgen Rohwer*

Vorwort

Erst mehr als 50 Jahre nach dem Ende des Zweiten Weltkrieges war es möglich, den Transport von deutschen U-Booten des Typs II B, der über Binnenwasser- und Landwege zum Schwarzen Meer erfolgte, mit bisher unveröffentlichtem Bildmaterial zu belegen. Der Erfolg dieser Nachforschungen wurde jedoch durch den Umstand erschwert, daß diese transporttechnische Maßnahme als »streng geheim« galt und unter Ausschluß der Öffentlichkeit mit außergewöhnlich hohem technischen Aufwand zur Durchführung gelangte.
Verständlich daher das Bemühen, die »Geheime Kommandosache« offenzulegen, weil sie auch nach mehr als einem halben Jahrhundert nichts von ihrer Aktualität eingebüßt hat!
Mit der Präsentation dieser Transportmaßnahme rücken gleichzeitig auch die Kampfeinsätze wieder ins Blickfeld, die nach der Umsetzung mit den bereits 1934 und 1935 in Dienst gestellten Booten des Typs II B gefahren worden sind. Ihre Operationsgebiete lagen ausschließlich unter der Kaukasusküste.
Dabei kam es von Ende Oktober 1942 bis Anfang September 1944 gegen eine zahlenmäßig und an Kampfkraft überlegene sowjetische Schwarzmeerflotte in 1450 Seetagen zu 56 Feindeinsätzen.
Ihre Hauptaufgabe bestand im Unterbinden des Nachschubs für die auf der Krim im Rücken der deutschen Truppen angelandeten sowjetischen Streitkräfte.

Mein besonderer Dank gilt Herrn Prof. Dr. Jürgen Rohwer, Stuttgart, für das Geleitwort zu dieser Dokumentation, für die Unterstützung im Bemühen, den Verbleib der vom damaligen Havariedienst der sowjetischen Schwarzmeerflotte gehobenen deutschen U-Boote – *U 9*, *U 18* und *U 24* – zu klären und für die Überlassung der Angaben über die Versenkungserfolge der deutschen U-Boote im Schwarzen Meer.
Zu Dank verpflichtet bin ich auch dem Militärarchiv/Bundesarchiv Freiburg für die überlassenen KTB-Aufzeichnungen vom Feindeinsatz des *U 18* im Schwarzen Meer und dem ehemaligen Militärarchiv der Nationalen Volksarmee Potsdam für einen Mikrofilm mit bisher unveröffentlichten Aufnahmen vom Binnenwasser- und Überlandtransport der deutschen Schwarzmeer-U-Boote. Nach dem Ende des Zweiten Weltkrieges galt dieses für die deutsche Marinegeschichte bedeutsame Material des Kriegsschiffbauamtes als verschollen.
Überraschend erhielt jedoch 1989 das damalige DDR-Militärarchiv Potsdam die zum größten Teil erhalten gebliebenen Bestände von der UdSSR zurück.
Dazu gehörte u. a. auch die Bildserie vom Überlandtransport deutscher U-Boote zum Schwarzen Meer.
Herrn Konteradmiral a. D. Arendt, Meckenheim, verdankt der Verfasser eine Kurzfassung seines letzten Einsatzes als Kommandant von *U 23* vor Poti, Sewastopol und Konstanza – bis zur Selbstversenkung des Bootes am 10. September 1944 vor der türkischen Küste.
Es ist eine um das Ende deutscher U-Boot-Einsätze im Schwarzen Meer außerordentlich bedeutsame Aufzeichnung. Ohne sie wäre die letzte Phase deutscher U-Boot-Operationen in diesem Seegebiet wohl kaum nachvollziehbar geworden.
Dank schuldet der Verfasser auch Herrn Garms, der als Kriegsberichterstatter im Verlauf der vierten Feindfahrt des *U 18* mit seinen Innen- und Außenaufnahmen die Möglichkeit erschloß, Einsatzbedingungen und Verhältnisse auf einem Typ-II-B-Boot nach mehr als 50 Jahren dokumentieren zu können.
Außerordentlicher Dank gebührt jedoch der Verlagsgruppe Koehler/Mittler für die Edition dieser Dokumentation. Sie macht damit ein bisher wenig bekanntes Kapitel deutscher U-Boot-Geschichte um die 30. U-Flottille im Verlauf des Zweiten Weltkrieges publik und schließt eine im Bereich maritimer Zeitgeschichte bestehende Dokumentationslücke.

Landsberg, im Winter 1996 *Gerd Enders*

Zur militärischen Situation 1941/42 in Südosteuropa

Deutsche U-Boote und leichte Überwassereinheiten der deutschen Kriegsmarine über Binnenwasser- und auf Landwegen zum Schwarzen Meer 1942

Im Jahre 1942 ging die Zeit der »Blitzkriege« zu Ende, wenngleich der Kampf deutscher Soldaten über weitere 41 schicksalsschwere Monate weiterging – vom Nordkap bis El Alamein, von der Atlantikküste bis zur Wolga und auf allen Weltmeeren.

Aus diesem Grund sind für die Bewertung der militärischen Entwicklung im Schwarzmeerraum die nachfolgend erwähnten Ereignisse von Bedeutung.

Für das deutsche Oberkommando völlig unerwartet, marschierten am 28. Oktober 1940 italienische Truppen von Albanien aus in Griechenland ein.

Doch schon nach kurzer Zeit erwies sich der »Blitzkrieg« der Italiener als ein Fehlschlag, der die deutsche Führung zum Handeln zwang.

Griechenland wehrte sich gegen diesen Überfall und ersuchte England um militärische Hilfe.

Daraufhin landeten englische Truppen in Piräus und auf Kreta. Sie zwangen auf diese Weise Hitler zur Verschiebung seines auf die Sowjetunion geplanten Angriffs um vier Wochen und, um die dadurch aus dem Gleichgewicht geratene Lage zu stabilisieren, zum Einmarsch in Jugoslawien und Griechenland.

Auf diplomatische Mißerfolge – Jugoslawien mußte zwei Tage nach seinem Beitritt zum »Drei-Mächte-Pakt« (27. März 1941) einen Staatsstreich und den Sturz seiner Regierung hinnehmen – rückten ohne Kriegserklärung deutsche Truppen und Truppen der Achsenmächte in Jugoslawien und von Bulgarien aus am 6. April 1941 in Griechenland ein.

In der Folge kapitulierte Jugoslawien nach elf Tagen, während Griechenland am 21. April 1941 die Waffen niederlegte und das britische Expeditionskorps zum Verlassen und zur Aufgabe der griechischen Stützpunkte zwang.

Erst danach hatte Hitler für seinen aufgeschobenen Angriff auf die Sowjetunion freie Hand, und die Folge war, daß die deutschen Truppen nach ihrer Landoffensive im Südosten schon im August 1941 am westlichen, nördlichen und nordöstlichen Ufer des Schwarzen Meeres standen.

Der schnelle Vorstoß der 17. Armee führte zunächst zu einer Einschließung und Umgehung von Odessa und der Seefestung Sewastopol, die erst später (23. Juni 1942) nach schweren und für beide Seiten verlustreichen Kämpfen eingenommen werden konnte.

Die langanhaltenden Kämpfe um Sewastopol und die dadurch hinausgeschobene Besetzung der gesamten Krim haben im weiteren Verlauf der Kampfhandlungen zu kritischen Situationen und militärischen Rückschlägen geführt; besonders auch im Hinblick auf die nachfolgenden deutschen Seekriegsoperationen.

Zur Situation auf dem Seekriegsschauplatz Schwarzes Meer

Unmittelbar mit der Besetzung der Küstenregion durch die deutschen Truppen hatten sich die Einheiten der sowjetischen Schwarzmeerflotte in ihre Häfen und Stützpunkte an der Kaukasusküste abgesetzt. Was im Rahmen dieser Absetzbewegungen nicht zurückgeführt werden konnte, wurde zerstört oder beim Verlassen dieser Häfen in den Zufahrten versenkt.

Auf diese Weise verhinderte man eine intakte Inbesitznahme der Anlagen und Einrichtungen durch deutsche Einheiten – soweit sie nicht bereits durch die vorhergehenden Kampfhandlungen zerstört worden waren.

Operationshemmender als die zerstörten Anlagen und Einrichtungen aber war, daß der deutschen Kriegsmarine von Anfang an die zur Sicherung und Überwachung eines solchen Seegebietes – größer als die Ostsee – erforderlichen Kampfeinheiten fehlten.

Ihre Verlegung hatte man zwar bei der Vorbereitung und Planung des Angriffes auf die Sowjetunion (»Führerbesprechung« vom 18. März 1941) erwogen, aber eine unmittelbare Überführung zunächst zurückgestellt. Sie unterblieb deshalb, weil man vom bisher günstigen Verlauf des Landkrieges ausgehend glaubte, daß schon in absehbarer Zeit mit einem erfolgreichen Abschluß dieser Kämpfe im Südosten und am Schwarzen Meer zu rechnen sein würde.

Damit erklärte sich auch die verzögerte Vorlage der Untersuchungsergebnisse im Dezember 1941, wie die für einen Einsatz im Schwarzen Meer vorgesehenen Einheiten zur Verlegung kommen sollten.

Doch das Gegenteil trat ein. Schneller als erwartet, wurden die Überführungen erforderlich.

Der Verlauf der Landkämpfe hatte deutlich gemacht, daß mit einer unmittelbaren, umfassenden Besetzung dieses Areals durch die deutschen Truppen nicht zu rechnen war. Die erhofften »Blitzsiege« verloren sich in den Weiten sowjetischen Territoriums. Die dadurch neu entstandene Lage erforderte entschlossenes Handeln – zumal durch außergewöhnliche Witterungsverhältnisse der weitere Vormarsch und die Versorgung der 17. Armee mit Nachschub über Land zeitweise zum Erliegen kam. Um die in Richtung Kaukasus und Stalingrad vorstoßenden Truppen gesichert versorgen zu können, blieb nur die Zuführung des Nachschubs über See. Ihm galt höchste Dringlichkeitsstufe, unabhängig von der Tatsache, daß die sowjetische Schwarzmeerflotte nach wie vor und uneingeschränkt dieses Seegebiet beherrschte.

Dennoch bleibt festzustellen, daß trotzdem die Versorgung der kämpfenden Truppe – wenn auch mit Verzögerung – ausreichend gesichert werden konnte.

Vorauszusehen war jedenfalls zu diesem Zeitpunkt noch nicht, daß diese »Rollbahn« nach der Niederlage von Stalingrad und dem darauffolgenden Rückzug dieser Truppenteile über die Tamanhalbinsel und die Krim Tausenden von deutschen und rumänischen Soldaten das Leben gerettet hat. Bis zum Tag der Krimräumung, am 13. Mai 1944, sind von deutschen und rumänischen Seestreitkräften 130.000 Deutsche und Rumänen auf das Festland überführt worden.

Nach Hillgruber – »Räumung der Krim« – flog die deutsche Luftwaffe im gleichen Zeitraum weitere 21.457 Soldaten des Heeres aus.

Allein die derartige Entwicklung im Rahmen der militärischen Auseinandersetzung, sie mußte in die Planungen einbezogen werden, hätte bei unmittelbarer Überführung von geeigneten Überwassereinheiten zum Beginn der Seekriegshandlungen die militärische Ausgangslage nicht nur bevorteilt, sondern auch wesentlich beeinflußt.

Schon nach Inbesitznahme der Donaumündung wäre der »Admiral Schwarzes Meer« in der Lage gewesen, taktisch und strategisch wirksam werden zu können; zumindest auch im Verlauf der nachträglichen Räumung des von den Sowjets gehaltenen Schwarzmeerhafens Odessa.

In der Frühe des 16. Oktobers 1941 ließ Stalin die eingeschlossene Küstenstadt auf dem Seeweg räumen und überführte auf zwei Kreuzern, vier Zerstörern und 21 Transportern der Schwarzmeerflotte »ungehindert« 80.000 Soldaten und rund 15.000 Zivilisten Richtung Sewastopol; eine außerordentliche Verstärkung für die Verteidiger der schwer umkämpften Seefestung.

Erst am Nachmittag kam es zu einem Angriff der deutschen Luftwaffe auf diesen Evakuierungskonvoi – ohne nennenswerten Erfolg.

Mit Sicherheit hätten Einheiten der Kriegsmarine das Ablaufen des sowjetischen Flottenverbandes im Rahmen der gegebenen Möglichkeiten verhindern können. Allein das Absetzen von Seeminen oder der Einsatz von Schnellbooten hätte die Evakuierungsaktion der Sowjets wirkungsvoll stören können.

Aber zu diesem Zeitpunkt war auf der deutschen Seite ein solcher Einsatz nicht möglich, weil erst im Frühjahr 1942 – mit erheblichem Zeitverzug – die Überführung deutscher Schnell- und Räumboote erfolgte. Ihnen folgten dann im Verlauf des Jahres die sechs U-Boote des Typs II B.

Wie gelangten sie in dieses Seegebiet?

Vorgegeben waren für sie die Transportwege durch die »Deutsch-Amerikanische Petroleumgesellschaft«, die zur Deckung des gewaltigen Erdölbedarfs für die deutsche Kriegswirtschaft schon im Oktober 1939

Tankkähne vom Rhein und von der Elbe zur Donau überführt hatte. Für den Transport des rumänischen Erdöls auf der Donau fehlte es an dem dafür erforderlichen Transportraum, der auch durch Neubauten auf Donauwerften kurzfristig nicht ausgeglichen werden konnte.

Beratungen im Expertenkreis standen an, um die technische Durchführbarkeit dieses Vorhabens zu prüfen und zu entscheiden, welche Route für den Überlandtransport die vorteilhafteste sein würde.

Nach vorausgegangenen Bereisungen standen drei Wegstrecken zur Entscheidung an:

1. Die Reichsautobahnstrecke Heilbronn – Stuttgart – Ulm mit nur 150 Kilometern Länge. Der Vorteil der geringen Länge über die als Schifffahrtsweg ausgebaute Neckarstrecke zur Reichsautobahn war unverkennbar, wenngleich technisch aufwendiger.
   Das Befahren dieser Route scheiterte jedoch an der damals nur einspurig ausgebauten Kammstrecke über die Rauhe Alb wegen des Tunnelstücks am Drackensteiner Berg. Dieser Streckenabschnitt war nur auf eine lichte Breite von knapp acht Metern ausgelegt.

2. Günstigere Voraussetzungen für eine Überführung schienen hingegen auf der Reichsautobahnroute Dessau – Ingolstadt gegeben zu sein. Hier wurde allerdings nicht nur der Bau einer Aufschleppanlage, sondern auch der Neubau einer Zufahrt von 500 Metern Länge erforderlich. Die Verwirklichung dieses Projektes stellte man wegen der hohen Baukosten und der damit verbundenen Bauzeit zunächst zurück. Sie hätte wegen der damals strengen winterlichen Verhältnisse zu einer nicht vertretbaren Verzögerung bei den Tankkahntransporten geführt.

3. Als zweckmäßig sollte sich die Benutzung der Reichsautobahn von Dresden nach Ingolstadt herausstellen.
   Bei Dresden kreuzte die Autobahn die Elbe und in Ingolstadt die Donau. Aber auch hier war an den beiden Endpunkten der Bau von Querhellingen für das Umsetzen notwendig, während die als Zufahrt zur Reichsautobahn vorhandene Wegstrecke nur verbreitert werden mußte. Allerdings war das auch hier wegen der winterlichen Bedingungen und der besonderen Verhältnisse in der Bauwirtschaft eine keineswegs leicht zu lösende Aufgabe.
   Nach sorgfältigem Abwägen aller Vor- und Nachteile entschied man sich für das Befahren der Strecke Dresden – Ingolstadt, und mit dieser Entscheidung wurde die »Deutsch-Amerikanische Petroleumgesellschaft« gleichzeitig zum Wegbereiter für die nachfolgenden Überlandtransporte der Kriegsmarine bis ins Schwarze Meer.

Die Größenordnung dieser Verlegungen wird bei Meister in »Der Seekrieg in den osteuropäischen Gewässern 1941-45« anschaulich belegt.

Über diesen Transportweg gelangten mehr als 500 Kriegs- und Handelsschiffe aus der Nord- und Ostsee in dieses Seegebiet.

Für die Kriegsmarine waren das

6	U-Boote
23	Minenräumboote
16	Schnellboote
50	Fährprähme
26	U-Jäger
10	größere Motorboote
113	Küstenmotorschiffe, Kutter o.ä.
40	Tankleichter
30	Schlepper
2	Raddampfer
4	Bagger

Rund 600 Spezialisten standen für das Gelingen einer solchen Überführung zur Verfügung. Unter ihnen Schiffbauer, Fahrer, Funker und Verkehrspolizei. Der Fuhrpark umfaßte schwere Zugmaschinen, Großraumlastwagen, Anhänger, Service- und Tankwagen, Busse für das schichtfreie Personal und Funkwagen für die Luft- und Straßenüberwachung neben transportablen Werkstätten zur Unterhaltung des technisch aufwendigen Fuhrparks.

Die Überführung der U-Boote vom Typ II B

Im Frühsommer 1942 waren die Vorbereitungen für die Verlegung der ersten Bootsgruppe abgeschlossen. Zu ihr gehörten die Boote *U 9*, *U 19* und *U 24*, die in der Reihenfolge *U 19* (April 1942), *U 24* (April 1942) und *U 9* (Mai 1942) in Kiel außer Dienst gestellt wurden. *U 19* kam von der 22. Schulflottille Gotenhafen, während

U 9 und *U 24* der 21. Schulflottille angehörten, die ihren Stützpunkt in Pillau hatte.

Mit der zweiten Bootsgruppe kamen *U 18* (August 1942), *U 20* (August 1942) und *U 23* (Oktober 1942) zur Verlegung und Außerdienststellung nach Kiel.

U 18 unterstand der 22. Schulflottille Gotenhafen, während die beiden Boote *U 20* und *U 23* von Pillau abgezogen worden waren.

Alle sechs Boote standen vor ihrer Verlegung in die Schulflottillen unter namhaften Kommandanten von Kriegsbeginn an vor der englischen, vor der schottischen Küste, vor Norwegen oder in der Nord- bzw. Ostsee im Fronteinsatz.

Mit dem Hinweis auf den Fronteinsatz dieser Boote soll gleichzeitig auf die besondere Situation der deutschen U-Boot-Waffe bei Kriegsbeginn aufmerksam gemacht werden.

Zu diesem Zeitpunkt standen Dönitz, damals Kpt.z.S. und Befehlshaber der U-Boote, nur 57 einsatzfähige U-Boote zur Verfügung:

7	U-Boote vom Typ IX
10	U-Boote vom Typ VII A
8	U-Boote vom Typ VII B
2	U-Boote vom Typ I A
30	U-Boote vom Typ II

Darunter befanden sich auch die sechs für den späteren Fronteinsatz im Schwarzen Meer vorgesehenen Boote, die, bezogen auf ihre Waffenwirksamkeit und ihre Seedauer, gegenüber den Hochseetypen klar benachteiligt waren.

Sie hätten auch im Hinblick auf ihre Über- und Unterwassereigenschaften – einschließlich ihrer Tauchtiefe – gegen die moderne U-Boot-Abwehr der Alliierten keine Chance gehabt.

Mit der Verlegung dieses Typs ins Schwarze Meer war allenfalls eine stabilisierende, wohl aber kaum eine entlastende oder den Kriegsverlauf verändernde Wirkung zu erwarten. Aus der Sicht der U-Boot-Führung war und blieb dieses Seegebiet ein Nebenkriegsschauplatz, auf dem diese Boote nur durch ihre Anwesenheit in der Lage waren die operative Wirksamkeit der sowjetischen Schwarzmeerflotte einzuengen. Die Kampfkraft und die Stärke der in den Kaukasushäfen auf Abruf bereitstehenden sowjetischen Streitkräfte waren in jeder Hinsicht erdrückend.

Sie blieben unabhängig von diesem »operativen Zuwachs« durch Deutschland oder seine Verbündeten auch weiterhin ungefährdet erhalten. Bei der Größe des Operationsgebietes waren ohnehin nur die U-Boote durch ihren Aktionsradius und die S-Boote – mit Einschränkung – in der Lage, Seeaktionen des Gegners zu bekämpfen.

Eine Auflistung macht ihre Stärke und Überlegenheit deutlich:

1 Schlachtschiff:
: *Parishskaya Kummuna*

2 moderne Kreuzer:
: *Voroshilow* und *Molotov* (vom 3. August bis Anfang 1945 in Reparatur)

2 alte Kreuzer:
: *Krasnyj Krym*, *Krasnyj Kavkaz* (in Reparatur bis Ende 1942)

6 moderne Zerstörer:
: *Charkov*, *Bodryj* (Werftüberholung bis Dezember 1944), *Bojkij*, *Besposhchadny*, *Soobrazitel'jyj*, *Sposobnyj*

2 alte Zerstörer:
: *Nezamozhnik*, *Zheleznyakov*

2 Torpedoboote:
: *Shtorm*, *Shkval*

10 Minensucher:
: *Tral'*, *Gruz*, *Shkiv*, *Iskatel'*, *Mina*, *Jakor*, *Garpun*, *Vrzyv*, *Zashchitnik*, *Aresnij Rasskin*

7 große U-Boote:
: *D 4* (in Reparatur), *D 5*, *L 4*, *L 5*, *L 6* (in Reparatur), *L 23*, *L 24*

11 mittlere U-Boote:
: *S 31*, *S 33*, *SC 201* (in Reparatur), *SC 202* (in Reparatur), *SC 203* (in Reparatur), *SC 205* (in Reparatur), *SC 207*, *SC 209*, *SC 212*, *SC 215* (in Reparatur), *SC 216*

14 kleine U-Boote:
: *M 51* (in Reparatur), *M 52* (in Vorbereitung zur Überführung ins Kaspische Meer(!)), *M 54* (in Reparatur), *M 55*, *M 31*, *M 32*, *M 35*, *M 36* (wie *M 52*), *M 62*, *M 111*, *M 112* (in Reparatur), *M 113*, *M 117*, *M 120* (wie *M 52*)

Angaben nach Prof. Dr. Jürgen Rohwer (3/96)

Anmerkung: *M 120* hat am 26. Mai 1947 vor Sewastopol die deutschen U-Boote *U 18* und *U 24* versenkt. Weitere Angaben hierzu auf Seite 118.

Die in Kiel eingelaufenen Boote mußten sich zunächst aus Gewichtsgründen eine beinahe totale Demontage gefallen lassen.

Um das errechnete Transportlimit nicht zu überschreiten, demontierte man in der Werft den größten Teil der schwergewichtigen Betriebsanlagen, entfernte auch den druckfesten Turm samt seiner Verkleidung und drehte aus transporttechnischen Gründen den Druckkörper, nach der Montage zusätzlicher Schwimmträger, um 90 Grad. Auf der Seite liegend, wurden sie nach Abschluß dieser Arbeiten durch den Kaiser-Wilhelm-Kanal nach Hamburg und von dort elbaufwärts zum Kreuzungspunkt von Elbe und Reichsautobahn bei Dresden-Übigau geschleppt.

Im Hochwassereinlaufbereich von Elbe und Flutrinne an der Böcklinstraße befand sich die Slipanlage, auf der die Schiffe und Boote an Land gezogen wurden. Nach dem Anlanden löste man im Uferbereich die zehn Schwimmkörper vom Druckkörper, senkte ihn auf die unter Wasser eingefahrenen Slipwagen ab und zog ihn für den Überlandtransport bis auf Straßenhöhe.

Der Kuhlemeyer-Tieflader bestand aus vier voneinander unabhängigen Trägergruppen, die jeweils paarweise über ein Drehgestell – beweglich gelagerte Stützpunkte für Bug und Heck – gekoppelt waren. 32 sehr niedrige, breite Vollgummireifen schluckten mühelos »Drücke« bis zu 60 Tonnen je Rad.

Für den Schlepp eines Geleits standen die stärksten Zugmaschinen der damaligen Zeit, Kälble-Trecker und Faun-Maschinen, letztere von der Luftwaffe ausgeliehen, zur Verfügung. Je nach Bedarf fuhren bis zu vier Maschinen hintereinandergekoppelt oder zu zweit nebeneinander an der Spitze bzw. auch am Ende des Zuges.

Nach dem ersten Umsetzen im Mündungsbereich der Böcklinstraße-Kötschenbroder Straße rollte der Riesensaurier über die eigens dafür vom städtischen Tiefbauamt Dresden (Stadtbaudirektor Gleibe) errichtete Stichstraße zur Autobahnauffahrt Dresden-Neustadt. Erst dort begann der eigentliche Überlandtransport mit einer Geschwindigkeit von acht Kilometern je Stunde in Richtung Ingolstadt. Am westlichen Ingolstädter Donauufer endete er, und damit war die längste Reise über Land ausgestanden, die je ein deutsches U-Boot auf der Ladefläche eines Tiefladers zurückgelegt hatte.

Im Bereich des ehemaligen Pionierübungsplatzes (Peisserstraße) erfolgte über die von der Hitzler-Werft Regensburg errichtete Slipanlage letztmalig das Umsetzen der Druckkörper von der Straße in den Schwimmträgergürtel und dann in die Donau.

Damit war die eigentlich schwierigste Phase der Überführung abgeschlossen. Ob das Aufwassern mit dem sich daran anschließenden Donauschlepp erneut problemlos verlaufen würde, blieb abzuwarten.

Um möglichen Schwierigkeiten aus dem Weg zu gehen, hatten auftragsgemäß das Straßen- und Flußbauamt Ingolstadt (Bauamtsdirektor Rouff) und das Wasserstraßenamt Regensburg (Bauamtsdirektor Hausmann) im Rahmen einer gemeinsamen Strombaubereisung geprüft, wo gegebenenfalls mit Behinderungen gerechnet werden könnte.

Unter Umständen bereits an der Pförringer Brücke. Bei hohem Wasserstand der Donau mußte sich die Durchfahrtshöhe verringern. Das zwang zu Vorüberlegungen, wie man mit geringstem technischen Aufwand und in kürzester Zeit die Weiterführung eines Geleits dennoch gewährleisten konnte. Mit einem schnellen Aus- und Wiedereinbau der hölzernen Fahrbahn sah man im Bedarfsfall die Möglichkeit, das Unterbrechen eines Transportes vermeiden zu können.

Schwierigkeiten schienen auch an der Weltenburger Enge (Kloster Weltenburg) nicht auszuschließen zu sein. Hier durchbricht die Donau in einer S-förmig verlaufenden Stromschnelle die Ausläufer des Fränkischen Juras mit steil ins Wasser abfallenden Felswänden. Besonders für überlange Schleppgeleite bestand hier eine ernsthafte Gefährdung.

Es kam deshalb vorab mit einem behelfsmäßig gekoppelten Geleit zu einem Versuch, der zur Überraschung aller positiv verlief.

Regierungsdirektor a. D. Dipl.-Ing. Walter, Regensburg, erwähnte in einem Gespräch mit dem Verfasser, daß nach diesem Versuch die »Lange Wand« ihren Schrekken verloren hätte.

Die erwarteten Quellströmungen unter der Wand hätten ein Anprallen bei der Durchfahrt verhindert. Anderenfalls wäre vermutlich eine Havarie unvermeidlich gewesen. Ob in einer solch kritischen Situation die Schleppfahrzeuge gegen die starke Strömung in der Enge »Sieger« geblieben wären, bleibt daher fraglich.

Als letztes Hindernis vor dem Beginn der schiffbaren Donau stellte sich die historische Steinerne Brücke von Regensburg in den Weg. Sie quert mit mehreren Durchlässen den Strom, und die Verantwortlichen waren sich darin einig, daß die Verringerung der Strombreite durch die vier Brückenpfeiler und die Differenz des Wasserspiegels zwischen Ober- und Unterwasser von 40 bis 60 Zentimetern das Risiko beim Schleusen durch erhöhte Strömungsgeschwindigkeit erheblich vergrößert hätte.

Aber auch hier fand das Wasserstraßenamt von Regensburg eine Lösung, die ein sicheres Flößen gewährleistete. Die Tankkräne führte man unter Umgehung des Hauptstromes schon 1939/40 durch das für den Rhein-Main-Donau-Schiffahrtsweg fertiggestellte Einlaufwerk des nördlichen Donauarms, während man später die U-, R- und S-Boote – bei entsprechenden Wasserständen und Strömungsverhältnissen – durch das 10,60 Meter breite zweite Joch des Hauptstromes gleiten ließ.

Nachdem die Passage der Steinernen Brücke mit Erfolg beendet werden konnte, übernahmen die Schlepper der 1. DDSG Wien den Weitertransport der U-Boote bis Linz und Galatz.

Linz war als Zwischenstation nur für die Boote der ersten Bootsgruppe vorgesehen. In der Reihenfolge *U 19*, *U 24* und *U 9* wurden die Bootshüllen »schlafend« im Winterhafen von Linz zum Wiederaufrichten angelandet. Mit dem Anlaufen von Linz war gleichzeitig ein teilweiser Wiederaufbau der aus Gewichtsgründen in Kiel ausgebauten Betriebsanlagen und das Aufsetzen des Turmes verbunden.

Die zweite Bootsgruppe hingegen – *U 18*, *U 20* und *U 23* – erreichte ohne Zwischenstopp den für ihren Wiederaufbau vorgesehenen Donauwerfthafen von Galatz. Nach Abschluß der Werftarbeiten wurden dort alle sechs U-Boote der späteren 30. U-Flottille wieder in Dienst gestellt.

U 24	unter Oblt.z.S. Petersen	am 14.10.1942
U 9	unter Oblt.z.S. Schmidt-Weichert	am 28.10.1942
U 19	unter Oblt.z.S. Gaude	am 28.12.1942
U 18	unter Oblt.z.S. Fleige	am 06.05.1943
U 20	unter Oblt.z.S. Schöler	am 27.05.1943
U 23	unter Oblt.z.S. Wahlen	am 03.06.1943

Danach verlegten diese Boote mit eigener Kraft oder im Schlepp nach Sulina am Ende des Donaudeltas und von dort mit See- und Luftgeleit einzeln nach Konstanza.

Als letztes der sechs U-Boote lief *U 23* den Stützpunkt der 30. U-Flottille an.

Die Operationen der deutschen U-Boote im Schwarzen Meer begannen mit dem Auslaufen von *U 24* am 27. Oktober 1942, und sie endeten mit der Selbstversenkung von *U 19* in der Nacht zum 11. September 1944 im Tiefwasser vor der türkischen Küste.

Im Verlauf dieser Zeit haben die Boote der 30. U-Flottille 56 Feindeinsätze mit 1.450 Seetagen – überwiegend unter der Kaukasusküste – gefahren. Nach offiziellen Angaben sind unter schwierigsten Einsatzbedingungen 26 Schiffe mit 45.426 BRT versenkt worden. Dessen ungeachtet blieb diesen Unternehmungen auch nur ein Erfolg von begrenztem militärischen Wert beschieden. Unaufhaltsam rückte das Ende der Seekriegshandlungen im Schwarzen Meer und das Ende des Zweiten Weltkrieges näher.

Mit der rumänischen Kriegserklärung an Deutschland am 25. August 1944 brach der Befehlsbereich des »Admiral Schwarzes Meer« zusammen. Für die im rumänischen Seestützpunkt stationierten deutschen Unter- und Überwasserstreitkräfte kam das einer totalen Isolation gleich.

Eine aussichtslose Situation! Denn auch ein Ablaufen durch die türkischen Meerengen war nicht möglich. Die Türkei hatte unter dem Druck der Alliierten ihre Neutralitätsverpflichtung gegenüber Deutschland aufgekündigt. Die letzte verbleibende Möglichkeit, sich donauaufwärts absetzen zu können, machten sowjetische Marineeinheiten unter dem späteren Befehlshaber der sowjetischen Flotte, Admiral Gorschkow, mit der Abriegelung des Donaudeltas zunichte.

Daß sich in dieser Phase die sowjetische Luftflotte in verstärktem Maße auf Konstanza und damit auf die Zerstörung der dort eingeschlossenen deutschen und rumänischen Seestreitkräfte konzentrierte, war zu erwarten.

Mit 62 Bombern, 80 Jägern und Schlachtfliegern führte der Tagesangriff vom 20. August 1944 – es war Sonntag – zu schwersten Beschädigungen im Hafen und erheblichen Schiffsverlusten. Betroffen waren davon auch die im Stützpunkt liegenden Boote der 30. U-Flottille – letzter Flottillenchef war Kptlt. Petersen.

U 9 (Oblt.z.S. Klapdor) sank nach einem schweren Treffer an der Pier. *U 18* (Oblt.z.S. Fleige), *U 19* (Oblt.z.S. Ohlenburg) und *U 24* (Oblt.z.S. Lenzmann) überstanden den Luftangriff mit schweren Beschädigungen.

U 18 und *U 24* liefen am Tag der Kriegserklärung Rumäniens – beide Boote waren nicht mehr einsatztauglich – in Begleitung von R-Booten zur befehlsgemäßen Selbstversenkung in das Seegebiet südlich von Konstanza aus. Nach der Versenkung übernahmen die R-Boote die Sprengkommandos. *R 163* unter Oblt.z.S. Stumpf übernahm die Männer vom *U 18* und setzte sie im bulgarischen Schwarzmeerhafen Varna ab, weil eine Rückkehr nach Konstanza nicht mehr möglich war. Nicht zu ermitteln war bislang, welches R-Boot das Sprengkommando von *U 24* aufgenommen und nach Varna gebracht hat.

Noch am gleichen Tag trafen sie dort mit ihren Besatzungen zusammen, die zwischenzeitlich mit Marinefährprähmen und dem Ziel dort eingetroffen waren, sich nach Deutschland durchzuschlagen, ungeachtet einer scheinbar aussichtslosen Lage.

Welchen Gefahren sich die U-Boot-Männer in den nachfolgenden Tagen ausgesetzt sahen, wird durch den Tod von zwei Besatzungsmitgliedern des *U 18* deutlich: Masch.-Obermaat Seidel und Matr.-Obergefr. Meier wurden beim Marsch durch Jugoslawien Opfer eines Partisanenüberfalls.

Ungeachtet dieser Gefahren und Erschwernisse erreichten die Besatzungen von *U 9* – diese Besatzung war nach dem Verlust ihres Bootes ebenfalls evakuiert worden – *U 18* und *U 24* im Verlauf des Monats September 1944 über Bulgarien und Jugoslawien Deutschland.

Zum Verbleib der drei weiteren Boote

Ebenfalls am Tag der Räumung des Stützpunktes (25. August 1944) verließ auch *U 19*, notdürftig instandgesetzt, Konstanza, um gemeinsam mit den noch in See stehenden Booten *U 20* (Oblt.z.S. Grafen) und *U 23* (Oblt.z.S. Arendt) »uferlos« weiter zu operieren.

In der Nacht vom 10. zum 11. September 1944 versenkten sich auch diese Boote nach Aufbrauch ihrer Kampfmittel befehlsgemäß im Tiefwasser vor der türkischen Küste. Ihre Besatzungen erreichten, in kleine Gruppen aufgeteilt, zunächst unbemerkt türkisches Festland. Im Verlauf des nächsten Tages wurden sie jedoch in der näheren Umgebung ihrer Landungsorte aufgegriffen, und damit war ihr Vorhaben, sich in südlicher Richtung zur Küste des Marmara- oder des Mittelmeeres über Land durchzuschlagen, unerwartet schnell gescheitert. Nach jeweils kurzen Zwischenaufenthalten an anderen Orten wurden diese U-Boot-Besatzungen für die Dauer ihres Verbleibs in der Türkei im fernen Beyhesir interniert.

Mit der Selbstversenkung dieser letzten drei U-Boote der 30. U-Flottille im Schwarzen Meer gingen die Operationen deutscher »Einbäume« im Zweiten Weltkrieg zu Ende. Und damit auch ein Stück deutscher U-Boot-Geschichte in einem Seegebiet, das keine Schlagzeilen gemacht hat.

Die drei internierten U-Boot-Besatzungen verließen am 21. Juli 1946 mit dem Schiff dieses Land in Richtung Italien in die Freiheit, die für sie jedoch erst mit der Entlassung aus dem Kriegsgefangenenlager Dachau am 24. September des gleichen Jahres Wirklichkeit wurde.

Die Überführung deutscher U-Boote zum Schwarzen Meer

Kiel – Deutsche Werke

Offizieller Beginn des deutschen U-Boot-Baus nach dem Abschluß des deutsch-britischen Flottenabkommens am 18. Juni 1935.

Die ersten U-Boote des Typs II B auf der Helling der Krupp-Germania-Werft in Kiel.

Im Vordergrund: *Prinz Eugen* nach dem Stapellauf am 22. August 1938.

U-Stützpunkt Kiel-Wik 1939 – U-Boote der U-Flottille »Weddigen« an der Tirpitz-Mole.

Auf dieser Werft wurden auch die späteren sechs Schwarzmeer-U-Boote der 30. U-Flottille in Dienst gestellt.

Bauauftrag und Nummer:			Typ	Kiellegung	Stapellauf	Indienststellung	Verlust
U 9	01.12.1934	(543)	II B	08. 04.1935	30.07. 1935	21. 08.1935	20. 08.1944
U 18	02.02.1935	(548)	II B	10. 07. 1935	06. 12. 1935	04.01. 1936	25. 08.1944
U 19	02.02.1935	(549)	II B	20. 07. 1935	21. 12. 1935	16.01. 1936	11. 09.1944
U 20	02.02.1935	(550)	II B	01. 08.1935	14. 01. 1936	01. 02.1936	10. 09.1944
U 23	02.02.1935	(553)	II B	11. 04.1936	28.08.1936	24.09.1936	10. 09.1944
U 24	02.02.1935	(554)	II B	21. 04.1936	24.09.1936	10. 10. 1936	25. 08.1944

Kpt.z.S. Dönitz und Korv.-Kpt. Godt zur Besichtigung an Bord von *U 18* am 30. November 1939.
Rechts im Bild: Kptlt. Mengersen, Kommandant *U 18*.
Links *U 14*. Beide Boote gehörten zur U-Flottille »Lohs«.

Deutsches U-Boot – Typ II B

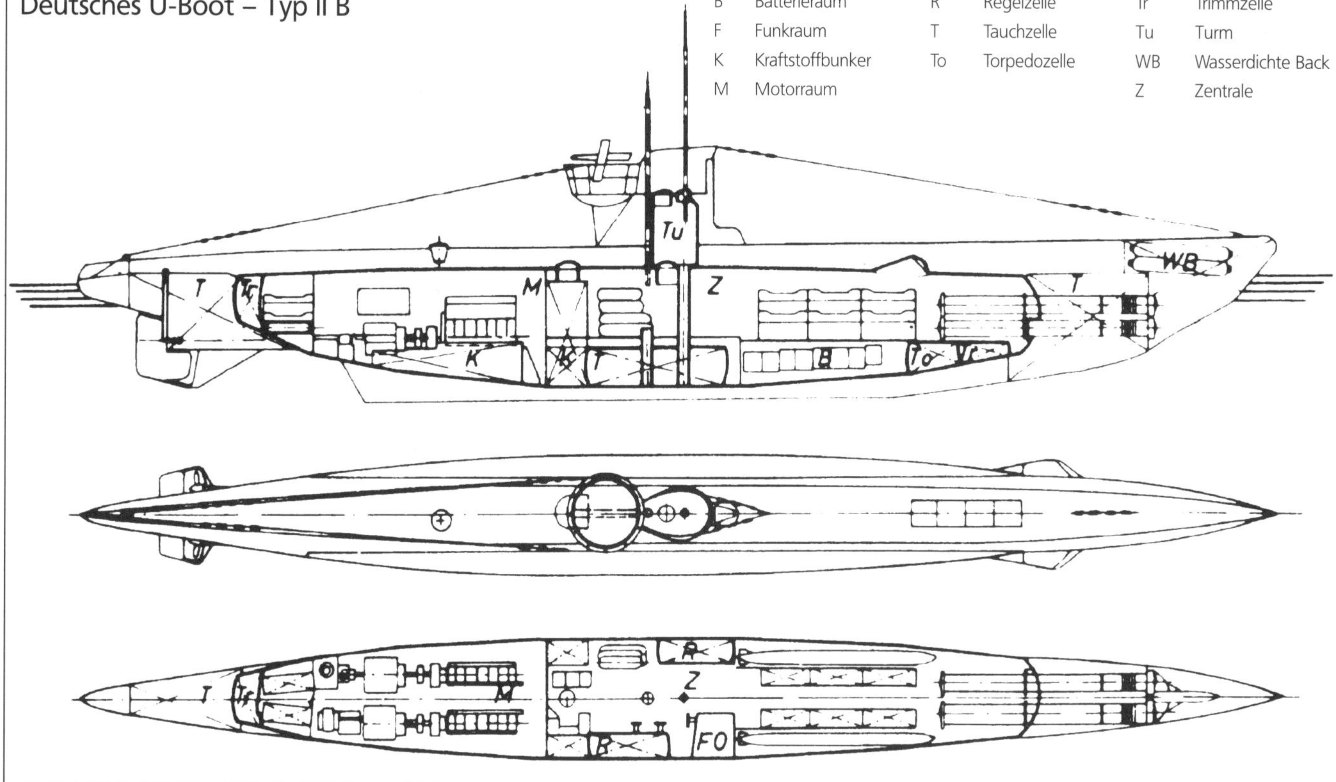

Technische Angaben

Typ:	II B
Größe:	offiziell 250 t
Länge:	42,7 m
Durchmesser:	4,08 / 4,00 m
Tiefgang:	3,90 / 8,60 m
Leistung:	700 PS über Wasser / 360 PS unter Wasser
Geschwindigkeit:	13,0 kn über Wasser
	7,0 kn unter Wasser
Tauchtiefe:	80 m (150 m)
Dieselkraftstoff:	21,05 m^3
Bewaffnung:	3 Bugtorpedorohre
	(5 Torpedos oder 18 Minen)
Artillerie:	1 x 2-cm (850) + 2-cm-Zwillingsflak (1944)
Besatzung:	1942: 3 Offiziere, 22 Mannschaften
	1943: 4 Offiziere, 28 Mannschaften

Gotenhafen – Stützpunkt der 22. U-Flottille
Im Vordergrund Schulboote des Typs II B.
Am Bildrand rechts Baracken, die von den Schulbootbesatzungen belegt wurden. Im Hintergrund die Passagierdampfer *Hansa* und *Wilhelm Gustloff*. Sie dienten der Kriegsmarine als Wohnschiffe.

Pillau –Stützpunkt der 21. U-Flottille
Schulboote des Typs II B im Winter 1941/42.
Im anschließenden Hafenbecken standen die Passagierschiffe *Pretoria* und *Robert Ley* der 2. ULD als Wohnschiffe zur Verfügung.

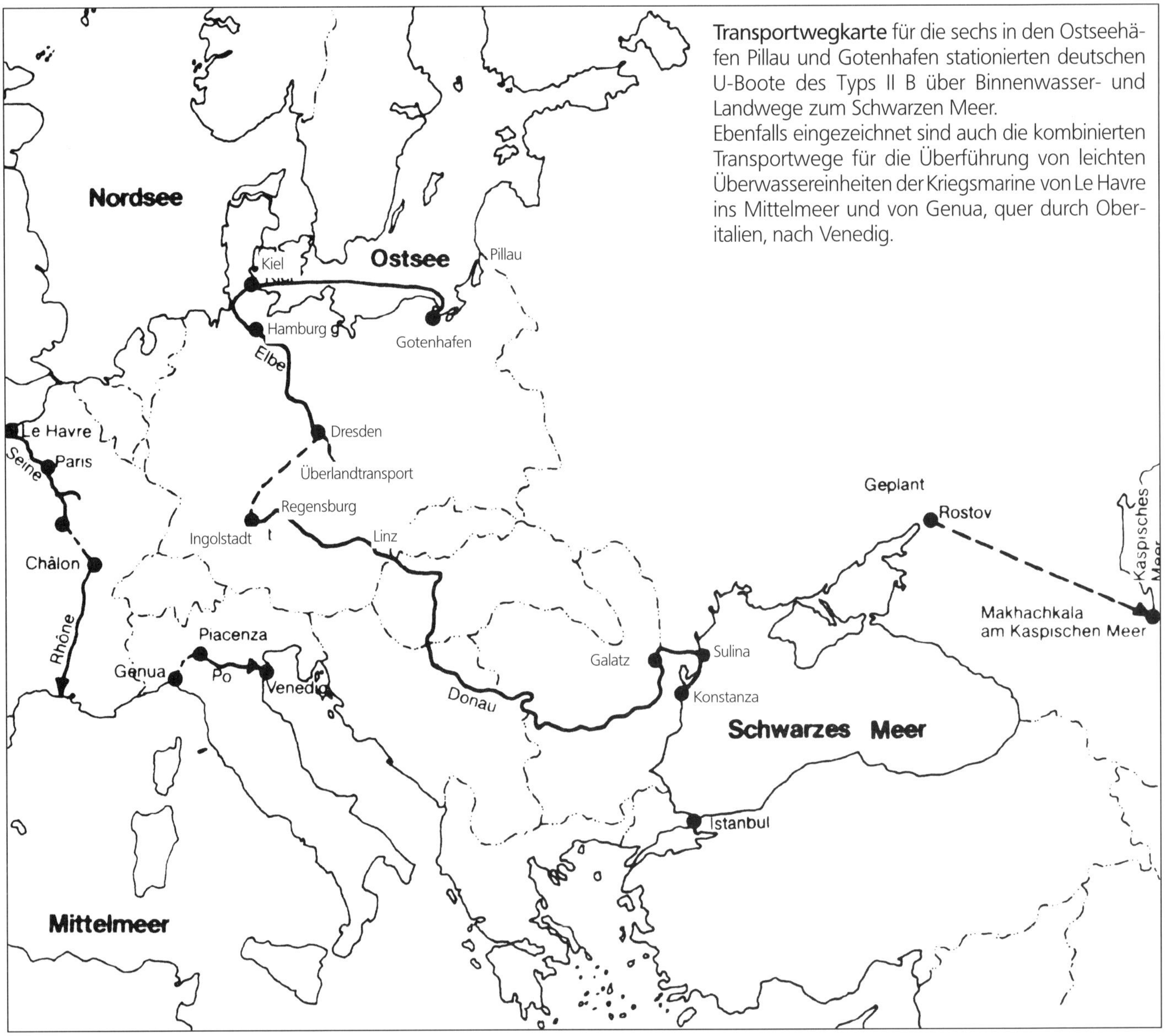

Transportwegkarte für die sechs in den Ostseehäfen Pillau und Gotenhafen stationierten deutschen U-Boote des Typs II B über Binnenwasser- und Landwege zum Schwarzen Meer.
Ebenfalls eingezeichnet sind auch die kombinierten Transportwege für die Überführung von leichten Überwassereinheiten der Kriegsmarine von Le Havre ins Mittelmeer und von Genua, quer durch Oberitalien, nach Venedig.

U 24
Montage eines Schwimmträgers mit dem Dockkran oberhalb der Wasserlinie in Höhe des Kombüsenluks steuerbordseitig.
Aus diesem Grund ist ein Teil der Oberdecksverkleidung entfernt worden. Deutlich sichtbar sind die Verankerungen, die Wölbung am Ponton für die Auflage am Druckkörper und die Trägerseile zum Kran.

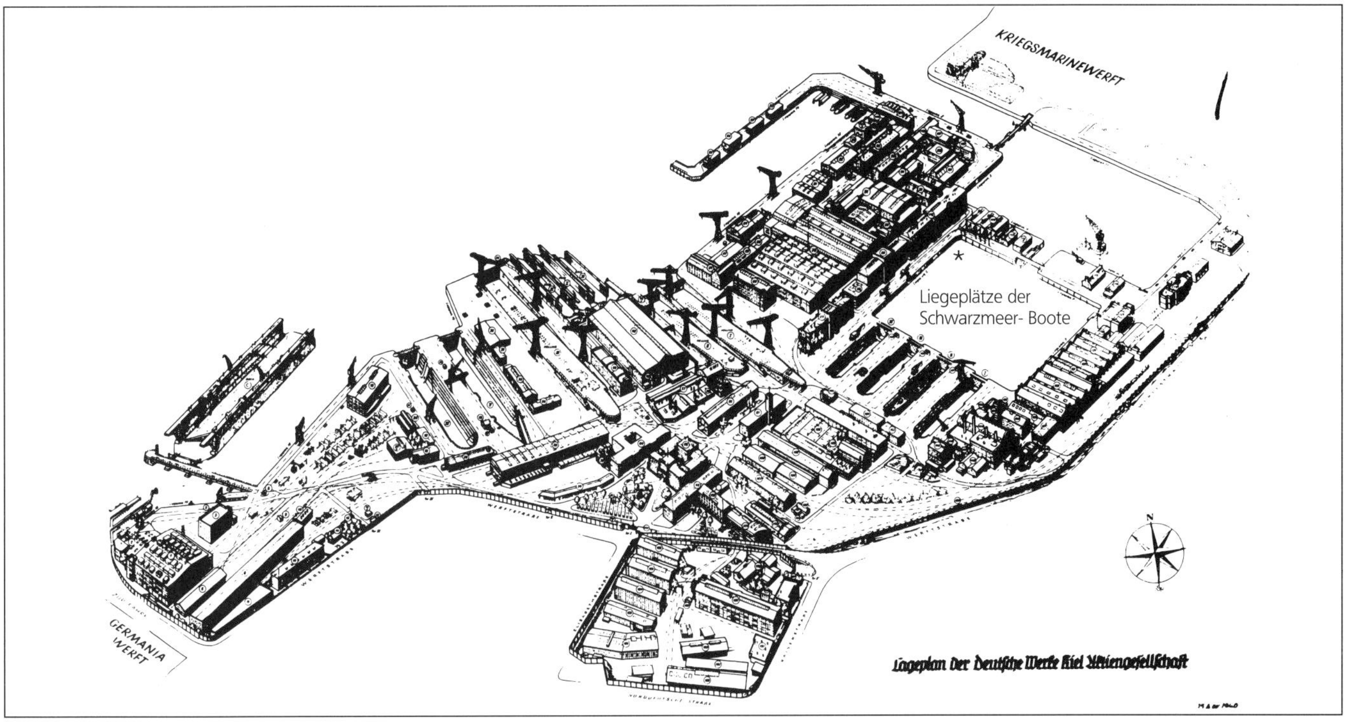

Die Boote der ersten Transportgruppe – *U 19*, *U 24* und *U 9* – vor ihrer Verlegung. Als letztes Boot dieser Gruppe steht für *U 9* das Drehen und »Einbetten« noch an. Auf diesem Foto sind besonders die Einzelheiten der »Ummantelung« und die Anordnung der Schwimmträger deutlich festgehalten. *U 19* und *U 24* (nach dem Ausdocken) vor dem Schlepp durch den Kaiser-Wilhelm-Kanal an der Pier 5. *U 9* – drittes Boot der ersten Transportgruppe – zur Demontage schwergewichtiger Betriebsanlagen noch vor dem Werftgebäude 114 an der gleichen Pier. Erst danach erfolgte sein Eindocken mit dem Anbringen der Schwimmträger und die Drehung des Bootes.

Montagevorbereitungen für drei Pontons oberhalb der Wasserlinie steuerbordseitig. Die Schwimmträger unterhalb der Wasserlinie – Kielbereich – sind bereits bei entwässertem Dock verankert. Siehe nach unten gerichtete Verankerungen. Im Verlauf des Oberdecks ist das geöffnete Torpedoluk erkennbar.

Übersicht über die Gesamtträgerfläche vor dem Wendevorgang und dem Fluten des Docks. Deutlich zu erkennen ist der Endteil des 5. Pontons mit dem auslaufenden Bootsheck Steuerbord. Der Druckkörper ist mit dem Trägertrog für das nachfolgende Aufschwimmen entsprechend gesichert.

Im Mittelteil des Druckkörpers backbordseitig ist bereits der Ausleger für den Wendevorgang montiert. Im Heckbereich (Backbord) ist das abgestützte Endlager der Schraubenwelle zu sehen.

Mai 1942 – *U 24* im teilgefluteten Dock 10.
Die Aufnahme zeigt die Backbordseite des Bootes in Richtung Bug bei Montagearbeiten an den Kupplungen zur Befestigung der Schwimmträger. Sie waren mit dem Druckkörper verschweißt. Einer dieser Schwimmkörper findet als Arbeitsbühne Verwendung. Die auf dem Foto nach oben gerichteten Kupplungen verbanden jeweils fünf Schwimmkörper nach ihrer Montage starr miteinander. Erst nach der Montage von zehn Schwimmkörpern – fünf oberhalb und fünf unterhalb der mittleren Wasserlinie – wurde der Verband schwimmfähig und konnte um 90 Grad gedreht werden. Die Pontons hatten eine Bodenbreite von 3,10 m und eine mittlere Höhe von 1,40 m. Bei Bedarf konnten sie geflutet oder auch mit Hilfe von Druckluft gelenzt werden. Sie wurden in Montagehöhe bei teilgeflutetem Dock eingeschwommen und verankert. Die Innenseite der einzelnen Pontons war für den jeweiligen Montageabschnitt der Form des Druckkörpers angepaßt.
Im oberen linken Bildteil ist unter der Dockbrücke die Silhouette des Schweren Kreuzers *Prinz Eugen* zu erkennen.
Prinz Eugen verlegte mit *Admiral Scheer* am 20. Februar 1942 für eine Operation im Nordmeer nach Norwegen. Der Verband wurde allerdings schon bald vom Gegner entdeckt und angegriffen. Von den vier vor Drontheim stationierten britischen U-Booten erzielte das britische U-Boot *Trident* auf *Prinz Eugen* einen Torpedotreffer im Achterschiff, und nur unter größten Schwierigkeiten gelang es, den Havaristen in den Lo-Fjord einzubringen.
Dort erfolgte eine Notreparatur des Kreuzers. Am 16. Mai 1942 wurde er unter starkem Geleit nach Kiel überführt. Am 18. Mai 1942 machte der Kreuzer für die nachfolgende Reparatur im Scheer-Hafen fest. Sie dauerte bis zum 27. Oktober 1942. Während dieser Zeit kam es auch zur Verlegung der sechs für das Schwarze Meer vorgesehenen deutschen U-Boote.

U-Boot vor der Einnahme der Seitlage im Dock. Steuerbordseitig erkennt man den vom Bug zum Heck führenden und »hautnah« angemessenen Pontonkasten.
Das Dock ist teilgeflutet. Backbordseitig sind Ausleger montiert, die das Boot bei der Drehung stabilisieren. Daß die Drehung mit hoher Sicherheit erfolgt sein muß, machen die auf und im Bereich der Stabilisatoren stehenden Werftarbeiter deutlich.

Nach dem Aufschwimmen des Bootes wurde durch das Fluten des Steuerbord-Reglertanks die Drehung des Bootes um 90 Grad eingeleitet. Auf beiden Aufnahmen (siehe auch Seite 23 unten) ist im hinteren Teil des Docks ein weiteres Boot eingeschwommen, dessen Turmaufbauten entfernt worden sind. Deutlich zu erkennen ist die Verkleidung des Torpedo- und des Kombüsenluks. Das Turmgebäude am oberen rechten Bildrand des unteren Fotos konnte leider noch nicht identifiziert werden. Nach den zeitlichen Gegebenheiten handelt es sich bei den beiden Booten um *U 24* und *U 19*, die als erste ins Schwarze Meer verlegt worden sind.

Das Drehen von *U 24* in die Steuerbord-Seitlage erfolgte unter großen Sicherheitsvorkehrungen. Zur Stabilität des Gleichgewichts wurden auf der Backbordseite mittschiffs als Gegengewicht Ausleger angebracht, die zusätzlich mit Werftarbeitern belastet wurden. Es kann davon ausgegangen werden, daß sie den Drehvorgang nicht nur sicherten, sondern auch als Gegengewicht beeinflussen konnten. Mehrfach sichtbare Seilverspannungen zum Dock erhöhten die Sicherheit in der Flut- und Drehphase.

Der Druckkörper des in zehn Schwimmkörper eingebetteten U-Bootes hat seine Endlage erreicht. Die fünf kielseitig montierten Schwimmträger, zwei der drei Torpedoaustrittsöffnungen, Membranen für das Unterwasserhorchgerät und die Öffnungen der freiflutbaren Räume unter der Verkleidung – Tauchzelle I und wasserdichte Back – sind deutlich sichtbar. Die Konstruktion der Werfthalle im Hintergrund ermöglichte die exakte Standortbestimmung für die Transportvorbereitung von *U 24* im Dock 10.

Nach dem Wendemanöver liegt der Druckkörper transportbereit in seinem aus zehn Schwimmträgern bestehenden »Trog«. Bei dem auf seiner Steuerbordseite liegendem Boot ist am Heck die Öffnung des Wellentunnels mit der Endlagerwellenstütze und der Trägerteil für das Haupt- und der Tiefenruder zu erkennen.

In diesem Hafenbecken (Pfeil) erfolgten im Sommer und im Herbst des Jahres 1942 die Umbauten der sechs U-Boote vom Typ II B für ihren Binnenwasser- und Überlandtransport zum Schwarzen Meer. Die Luftaufnahme erschließt darüber hinaus zwei weitere maritime Ereignisse dieser Zeit: Auf dem Foto ist oben links das kieloben liegende Wrack des gekenterten Schweren Kreuzers *Admiral Scheer* zu erkennen, der beim Luftangriff der Royal Air Force in der Nacht vom 9. zum 10. April 1945 schwer getroffen und zerstört wurde. Im Dock (Bildmitte unten) konnte der schwere Kreuzer Admiral Hipper identifiziert werden. Der Kreuzer lief Anfang April 1945 nach Einsätzen in der Ostsee und der Rückführung von Flüchtlingen zur Werftüberholung in Kiel ein. Im Dock wurde er mehrfach von britischen Fliegerbomben getroffen und am 3. Mai 1945 von seiner eigenen Besatzung gesprengt.

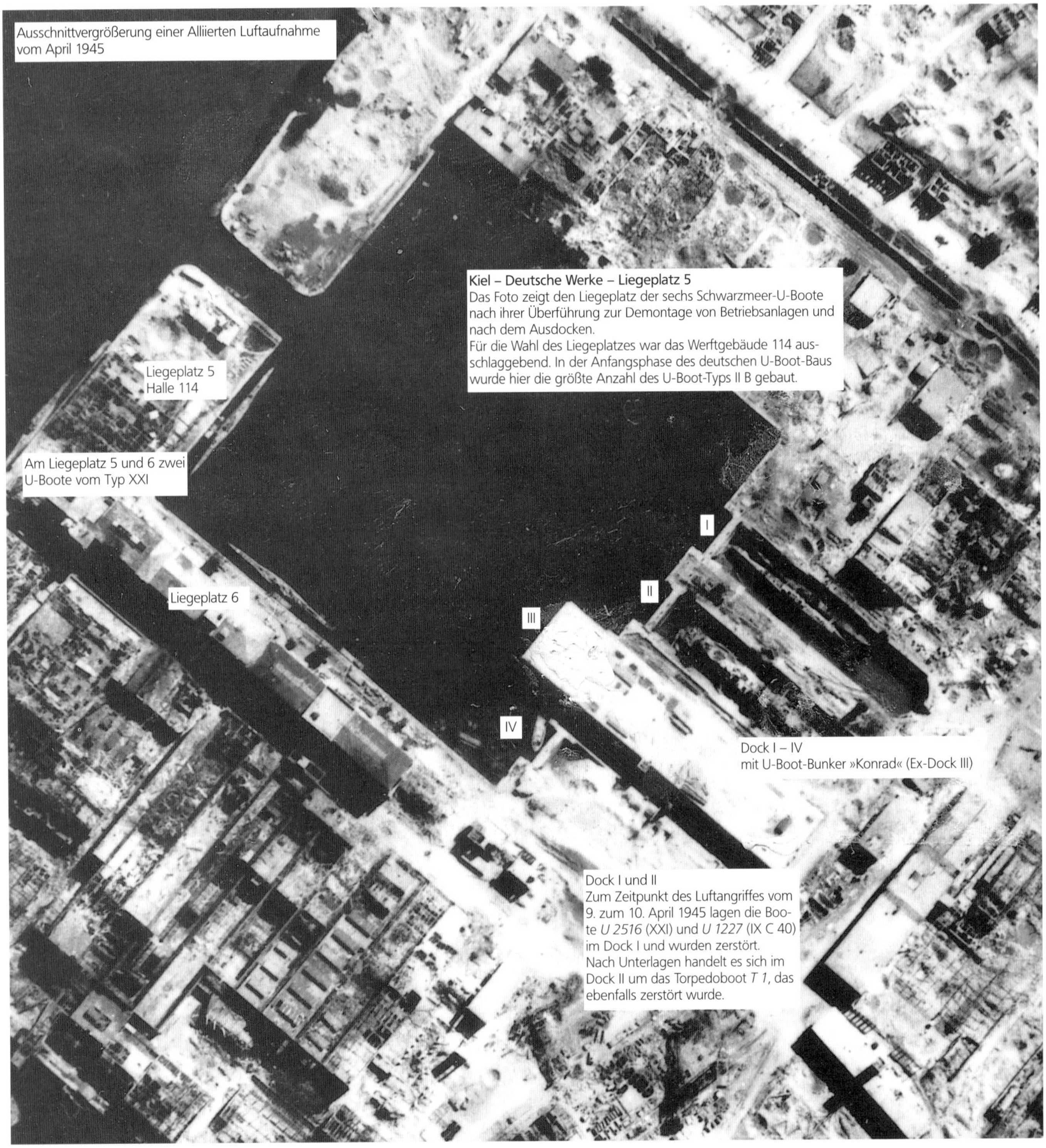

Das Einlaufen der sechs Schwarzmeer-U-Boote in Kiel

Nach seiner Überführung im August 1942 von Gotenhafen nach Kiel hat *U 18* am Liegeplatz 6 der Deutschen Werft in Kiel festgemacht. Unmittelbar danach wurde das Boot für die Vorbereitungen des Binnenwasser- und Überlandtransportes zum Schwarzen Meer von der Werft übernommen, während die Besatzung bis zur Wiederindienststellung vorübergehend nach Plön und wenig später nach Galatz verlegt wurde.

In Verbindung mit den notwendigen Demontagearbeiten – das Boot mußte aus Gewichtsgründen geleichtert werden – erfolgte die Verlegung nach Liegeplatz 5. Hier befanden sich auch die Schiffbauhallen, in denen die größte Anzahl der Typ-II-U-Boote gebaut wurde. Sie gewährleisteten eine fachgerechte Demontage der Betriebsanlagen und eine typengerechte Überholung.

Nur für den Anbau der Zusatzschwimmträger mit der Drehung des Bootes um 90 Grad und der Leichterung des Setzkieles kam es zum Eindocken der Boote. Danach erfolgte bis zum Beginn der Überführung ihre Verlegung wieder zum Liegeplatz 5.

Liegeplatz am Marinearsenal in Ellerbeck
U-Boot-Geleit vor der Fahrt durch den Kaiser-Wilhelm-Kanal. Geschleppt gelangten die »schlafenden U-Boote« über diese Wasserstraße nach Hamburg und von dort elbaufwärts zum Kreuzungspunkt von Elbe und Reichsautobahn bei Dresden-Übigau.
Jeweils drei Besatzungsmitglieder begleiteten ihr Boot auf dieser Reise zum Schwarzen Meer.

Schleuse Kiel-Holtenau
Die Schleuse bildete den östlichen Abschluß des Kaiser-Wilhelm-Kanals. Auf kurzem Weg erreichten die Schleppgeleite von der Werft über die Kieler Förde die Schleuse.

U-Boot-Schlepp von Hamburg nach Dresden

»Schlafendes« U-Boot auf der Elbe
Das Geleit befindet sich zu diesem Zeitpunkt etwa 3 km südlich von Meißen, am Ausläufer des Spaargebirges. Auffallend sind in dieser Region die vielen Weinberge.

Das Geleit hat den Ortsbereich von Kaditz passiert und befindet sich kurz vor der über die Elbe führenden Autobahnbrücke. Im Hintergrund sind die Weinberge der Hoflössnitz bei Radebeul zu sehen. Bei einem Vergleich beider Fotos kann man davon ausgehen, daß es sich aufgrund der übereinstimmenden Merkmale um den gleichen Schleppzug handelt.

Ende des Elbschlepps in der Nähe von Übigau.

Nach dem Passieren der Kaditzer Brücke

Der Druckkörper liegt gestoppt im Einlaufbereich des König-Albert-Hafens. Das Geleit wird mit einem Schlepper am Heck und durch einen Stromanker am Bug im Strom gesichert. Ausgehend von der Tatsache, daß alle Boote von hier aus bis zur Slipanlage in Übigau mit Heck voraus stromauf geschleppt wurden, kann davon ausgegangen werden, daß die Drehung des Geleits um 180 Grad in diesem Strombereich erfolgt ist. Das Anlanden erfolgte mit dem Heck gegen die Strömung und auch das nachfolgende Aufslipen.

Einfahrt zum König-Albert-Hafen

Nach dem Elbeschlepp wurden die Geleite für das Verlegen zur Slipanlage vorbereitet und mit dem Heck voraus stromauf weitergeschleppt. An der nördlichen Uferseite erfolgte das Anlanden unter der Slipanlage mit dem Aufsetzen auf die eingefahrenen Slipwagen zum Abbau der Schwimmträger.

Am Bug des Druckkörpers sind die Trossen für zwei Stromanker sichtbar, die das im »toten Wasser« der Einfahrt liegende Geleit sichern. Nach dem Umsetzen des Schleppers zum Heck erfolgte stromauf der kurze Schlepp zum Übigauer Stromufer. Der Aufnahmestandort ließ sich durch einen Zeitzeugen zweifelsfrei identifizieren. Der weiß gekennzeichnete Molenkopf ist gepflastert und durch Foto belegt. Auf der gegenüberliegenden Neustädter Seite befindet sich die Übigauer Schiffswerft. Auf der Altstädter Seite, vor der Zufahrt zum Hafen, befand sich das Tanklager und der Anlegeplatz für die Tankschiffe.

Zufahrt König-Albert-Hafen

Dresden-Übigau – von der Elbe auf die Straße

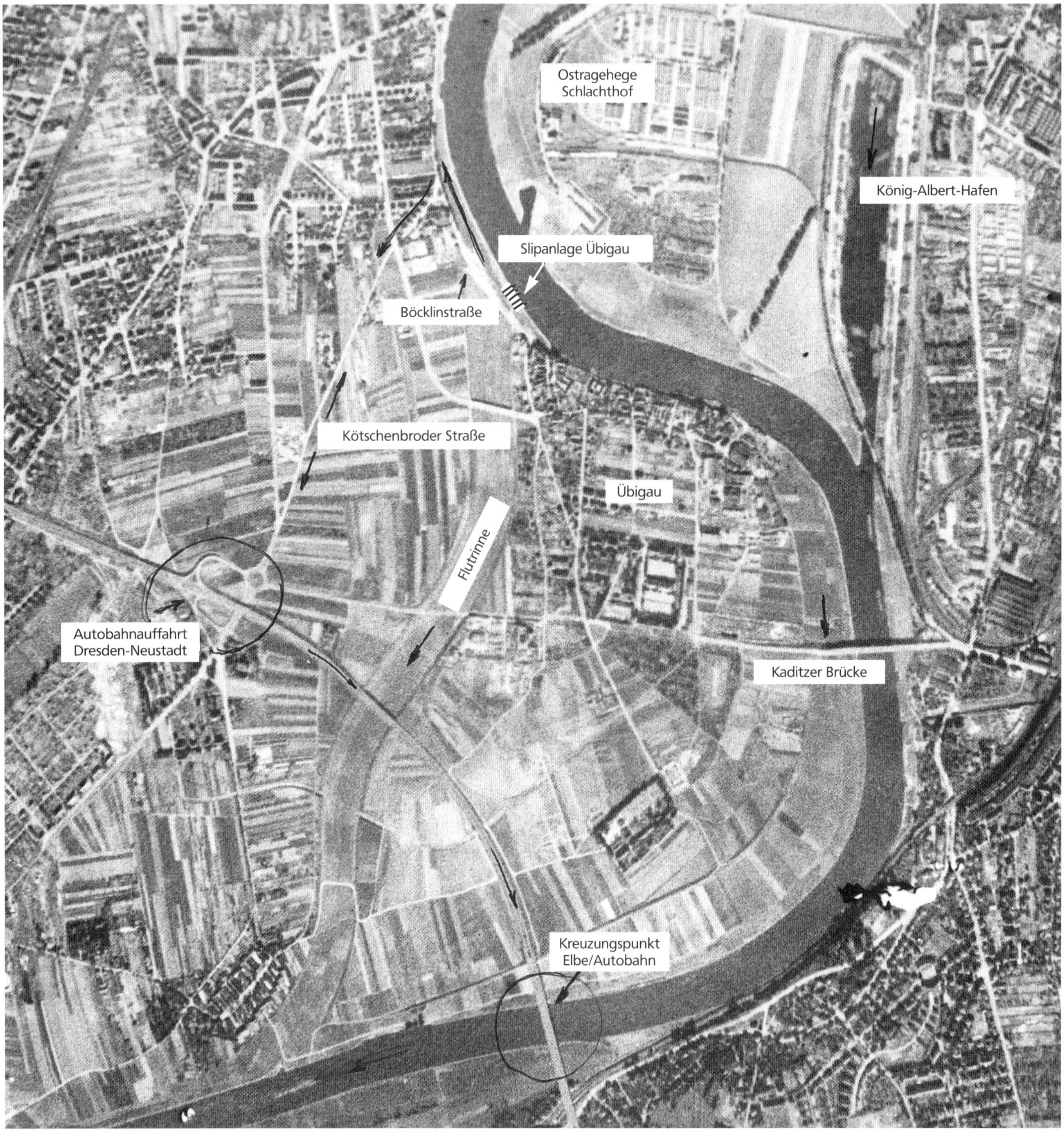

Am Elbufer, im Flutrinnenbereich der Böcklinstraße, ist das Umsetzen von Schiffen und U-Booten der deutschen Kriegsmarine für den Überlandtransport erfolgt, nachdem sie durch den Kaiser-Wilhelm-Kanal und elbaufwärts geschleppt worden waren. Eine verkehrstechnisch vorteilhafte Ausgangsposition für den Weitertransport von Booten und Schiffen über die Autobahn bis Ingolstadt.

Gesichert und belegt ist, daß die erste Fahrtrichtungsänderung am Ende der Böcklinstraße im Mündungsbereich der Trachauer Straße zur Autobahn erfolgte. Durch die Länge des Schleppzuges war das Befahren enger Kurvenradien nicht möglich. Aus diesem Grund setzte man die Zug- und Schubfahrzeuge um und aus der Fahrt mit Heck voraus (nur die kurze Strecke der Böcklinstraße), konnte die Zufahrt über eine eigens dafür gebaute Verbindungsstraße zur Autobahnauffahrt Dresden-Mitte mit dem Bug voraus erfolgen.

1942/43

Transportprinzip für die Überführung von U-Booten zum Schwarzen Meer

a) Kaiser-Wilhelm-Kanal und elbaufwärts bis Dresden-Übigau

b) Überlandtransport auf der Autobahn von Dresden bis Ingolstadt

c) Donauschlepp von Ingolstadt über Linz bis Galatz

BK = Ballastkiel
D = Druckkörper
E = Einstiegluk

T = Turm
P = Pontons
TR = Tiefenruder

a)

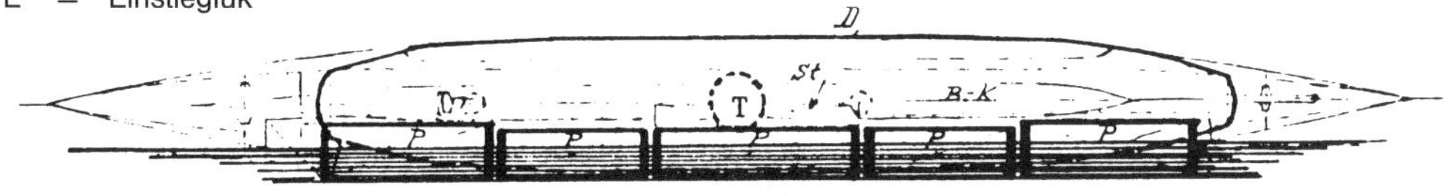

Anordnung der Potons auf den Strecken Kiel – Übigau und Ingolstadt – Galatz

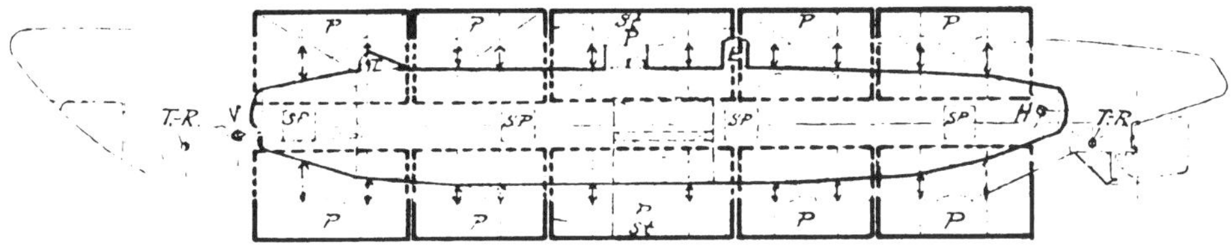

H = Hinterer Stützpunkt
V = Vorderer Stützpunkt

St = Stabilisatoren
T = Torpedoluk

b)

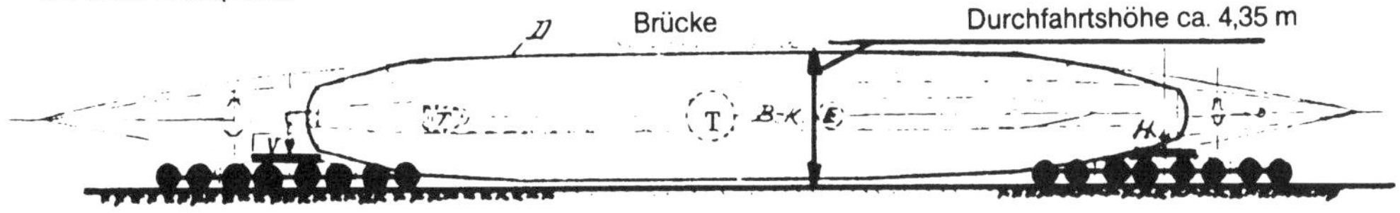

Lagerung des U-Bootes auf den Kuhlemeyerwagen über die Autobahn Dresden-Ingolstadt

c)

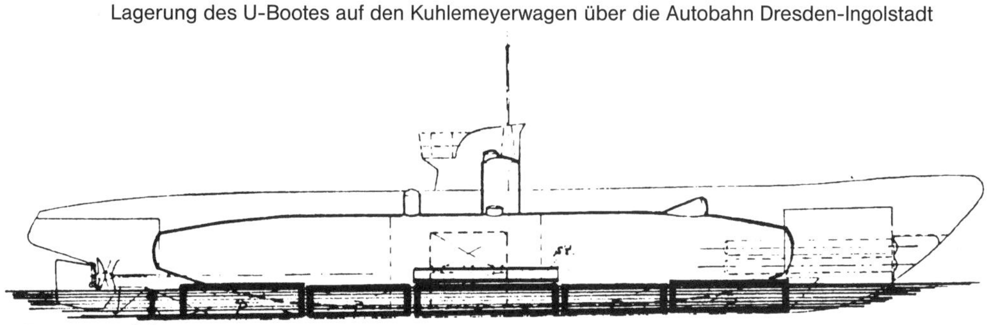

Tiefgang auf der Fahrt nach Galatz

P = Pontons
St = Stabilisatoren

Wiederaufrichten und Teilaufbau dieser drei U-Boote im Winterhafen von Linz

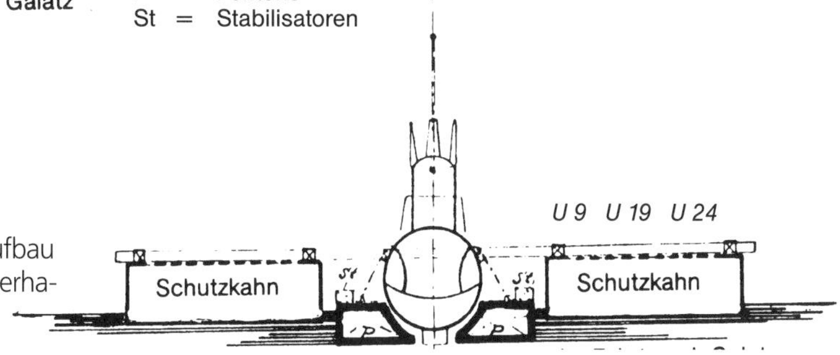

Anordnung der Pontons und Schutzkähne auf der Fahrt nach Galatz

»Liegend« im Schlepp ohne Turm und Inneneinrichtung von Ingolstadt nach Galatz

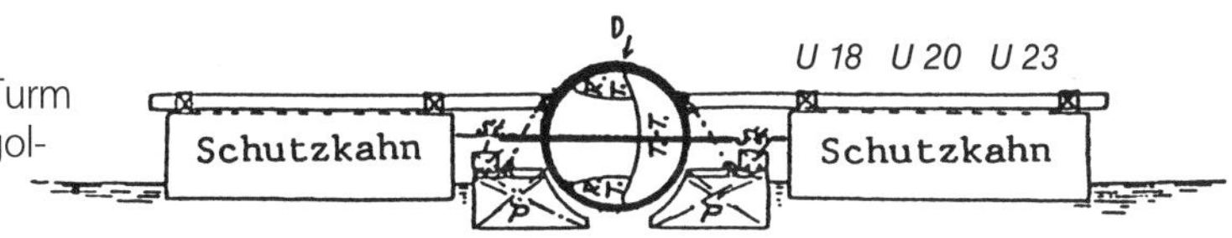

D= Druckkörper
P= Ponton
RT= Reglertank
ST= Stabilisator
TT= Tauchtank

Slipanlage Böcklinstraße
Vor Beginn des Umsetzens. Gut erkennbar die Kielseite des Bootsrumpfes von achtern. Bildmitte links: Die Werftarbeiter benutzen einen Ponton als Arbeitsplattform. Der letzte Ponton (Heck) scheint bereits ausgeschwommen. Am freigelegten, spitz auslaufenden Heck sind die beiden Durchbrüche für die Schraubenwellen und die dahinterliegende Trägerplattform für das Haupt- und die beiden Tiefenruder zu sehen.

Die Aufnahme zeigt den Oberdeckbereich des um 90 Grad gedrehten Druckkörpers vom Heck zum Bug (Aufnahmestandort: Elbufer). Der erste von vier Schwimmträgern im Oberdecksbereich Steuerbord wird ausgeschwenkt. Es ist anzunehmen, daß der Druckkörper bereits auf dem Slipwagen liegt.

Vorbereitungen für das Aufsetzen des liegenden Druckkörpers auf die unter den Druckkörper eingefahrenen Slipwagen mit anschließendem Aufzug und Umsetzen auf die Spezialtransporter an der Böcklinstraße.
Im Vordergrund das Heck eines Schleppers und ein bereits demontierter Schwimmkörper.

Blick auf den während der Überführung geleichterten Setzkiel des U-Bootes. Für das Aufslipen werden die starren Verbindungen zwischen Ponton und dem Druckkörper gelöst.
Der im Bugbereich sichtbare Steuerstand gewährleistete die Regulierung der Druckverhältnisse in den Schwimmkörpern. Auf diese Weise ließ sich der Tiefgang des Geleits an Flachwasserstellen oder Unterführungen mit Hilfe von Druckluft variieren.

Blick auf ein Druckkörperheckteil, das auf der Slipanlage aufliegt. Das verkleidungsfreie Heck gibt den Blick auf die Vernietung des Maschinenluks frei.
Der Ausschnitt rechts im Oberdeck ist der Einstieg zum Kombüsenluk.

Der Druckkörper hat auf dem Slip mit »Bug rechts« Straßenhöhe erreicht. Gut zu erkennen ist die entfernte Oberdeckverkleidung im Bereich des Torpedoluks.
Auf der anderen Elbseite erkennt man ein Gebäude des Dresdener Schlachthofes. Im Vordergrund sieht man eines der Drehgestelle des Kuhlemeyer-Tiefladers für den Überlandtransport auf Straße und Autobahn.

Der Druckkörper ist bereits aus dem Wasser gehoben und liegt auf vier Slipwagen mit Bug rechts. Die Slipwinden sind diesseits der Straße verankert, und die über die Straße verlegten Seile führen zu den Winden. Die Slipgleise enden am Rand der Straße.

Heckteil eines Druckkörpers nach dem Aufslipen.
Mit Hilfe von Hydraulik ist der Druckkörper für das Unterfahren der Drehgestelle unterbaut und angehoben worden.
An der Unterseite des Heckbereiches ist der Schraubenwellendurchbruch, die abgedeckte Endwellenstütze und die Trägerfläche für Haupt- und Tiefenruder und unten ein Teil des Drehgestells zu sehen.

Aufgebockter Druckkörper kielseitig mit Buglage links vor dem Unter- und Einfahren der Träger. Trotz Abdeckung erkennt man die Umrisse eines Torpedorohres und auf dem Setzkiel (Bildmitte), den Reglerstand für die Druckluft zur Korrektur des Tiefganges beim Wasserschlepp.

Das Foto zeigt die Kielseite des Druckkörpers. Der links und rechts neben dem mittleren Slipgleis erkennbare Stapelholzunterbau mit den ansteigend verlaufenden Holzträgern bringt beim Aufziehen des Druckkörpers die Höhe, die für das Unterfahren der Tiefladerradgruppen benötigt wird.

Einfahren einer Trägergruppe nach dem Anheben des Druckkörpers. Die Slipbahn zum Aufslipen des Druckkörpers endet am Fahrbahnrand der Böcklinstraße.

Das Foto unten und das oben rechts zeigen die Kielseite vom Heck in Richtung Bug.
Auf beiden Aufnahmen ist deutlich der Holzunterbau zu sehen. Die Heck- und Bugsektion des Druckkörpers blieben für das Einfahren der Träger frei.
Links im Bild sind Wohnhäuser an der Elbuferstraße vom Ortsteil Übigau zu sehen.

Druckkörper kurz vor dem Ende des Aufslipens und Umsetzens auf die Drehstelle. Deutlich sind im ansteigenden Elbufergelände die Slipgleispaare sichtbar.
Im Hintergrund die Fabrikgebäude der Fa. Stöcker.
In Richtung Werksgelände verläuft die Böcklinstraße und mündet dort in die Kötschenbroder Straße.

Einfahren einer Trägergruppe mit dem Drehgestell in der Mitte.
Am unteren Bildrand ist das Handsteuer der achträdrigen Radgruppe gut erkennbar. Während des Überlandtransportes wurden die insgesamt vier Radgruppen manuell gesteuert und waren ständig besetzt. Das Foto zeigt die Kielseite mit dem Druckluftverteiler auf dem Setzkiel und am Bildrand rechts das Fahrerhaus eines Treckers.

Der Überlandtransport

Autobahnschlepp des um 90 Grad gedrehten Druckkörpers auf dem Kuhlemeyer-Tieflader. Zwischen den beiden Trägergruppen das Drehkreuz, einer der zwei Auflagepunkte.
Das rechte Foto zeigt das Heck des Druckkörpers und die Schubstange eines Schubfahrzeuges.

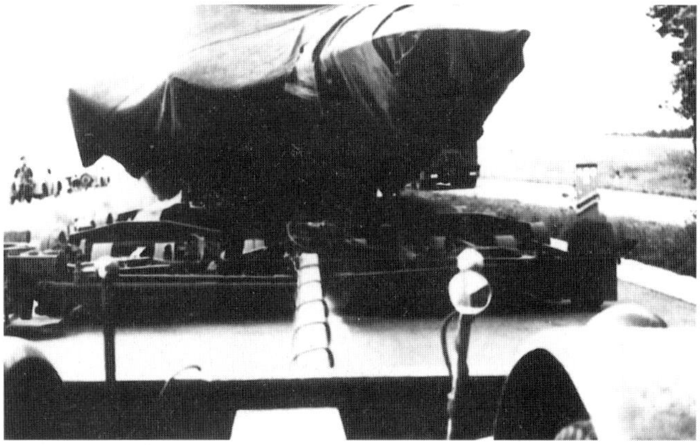

Die ersten Straßenmeter eines U-Bootes
Beginn des Überlandtransportes nach dem Umsetzen des Druckkörpers auf den Kuhlemeyer-Tieflader. Bis in den Mündungsbereich der Böcklin-, Kötschenbroder- und Trachauer Straße erfolgte der Transport mit dem Bug voraus. Danach wurden die Zug- und Schubfahrzeuge aus transporttechnischen Gründen umgesetzt und fuhren zur Autobahnauffahrt Dresden-Mitte weiter.

Mündungsbereich Böcklin/ Kötschenbroder Straße
Auf der Uferstraße im Mündungsbereich beider Straßen erfolgte das erste Umsetzen der Schub- und Zugfahrzeuge zur Weiterfahrt in Richtung Autobahn. Weil aus steuertechnischen Gründen durch die Länge des Schleppgeleits enge Kuvenradien kaum ausgefahren werden konnten, setzte man nur die Zug- und Schubfahrzeuge um und führte die Fahrt in entgegengesetzter Richtung fort. Auf dem rechten Foto wendet ein »Schubfahrzeug« und setzt sich als »Zugfahrzeug« vor. Das Foto zeigt den Bug und die Oberdeckseite des Druckkörpers. Auf dem unteren Rand des Druckkörpers sind die Konturen des Torpedorohres III sichtbar.

Werkingenieure überwachen das Umsetzen.
Hinter den die Straße säumenden Bäumen verläuft mit dazwischenliegendem Flutgelände die Elbe.

Fahrzeugpark für den Transport
Leerzug für den Transport mit je zwei miteinander gekoppelten Zugmaschinen und Schubfahrzeugen. Von »Kaelble-Treckern« (150 PS) geschleppt, rollten die Kuhlemeyer-Tieflader auf 16 sehr niedrigen und breiten Vollgummireifen, die »Drücke« pro Rad von 60 bis 70 Tonnen »schlucken« konnten, sicher zu ihrem Ziel.
Bei Bedarf war es außerdem möglich, Radgruppen in größeren oder kleineren Einheiten zu fahren und zu koppeln. Gut zu erkennen sind die außerhalb der Fahrerkabine montierten »Lotsensitze«, die jeweils auch am Ende einer jeden Radgruppe (außen) besetzt werden mußten. Die Steuerung der Radgruppen erfolgte manuell von diesen Positionen über den Gesamtverlauf der Fahrtroute. Aus Sichtgründen waren sie jeder Radgruppe neben dem letzten äußeren Laufrad zugeordnet.
Das Befahren schwieriger Passagen erleichterte man durch Orientierungshilfen, die von den Fahrern ausgesteuert werden mußten. Der Fahrweg wurde in dieser besonderen Situation – je nach Länge und Breite des Geleits – vorab vermessen und markiert.

König-Albert-Hafen (Elbe)
Reichsbahngleisanlagen im Hafenbecken.
Nach dem Elbeschlepp wurden die Pontons auf Tieflader der Reichsbahn verladen und für den Weiterschlepp auf der Donau nach Ingolstadt transportiert. Deutlich zu erkennen sind die geformten Ausbuchtungen an den einzelnen Schwimmträgern, die jeweils für einen bestimmten Bereich des Druckkörpers konzipiert worden waren. Sie bildeten – montiert – einen Trog. Innenseitig sind an den oberen Pontons Stutzen zu sehen. Unter Wasser bildeten sie eine Verbindung zum formgleichen Ponton der Gegenseite. Nach Bedarf konnten diese Schwimmträger gelenzt oder geflutet werden. Damit ließ sich beim Binnenwassertransport der Tiefgang des Geleits bei Flachwasser oder Unterführungen verändern.

Dresden-Neustadt – Autobahnauffahrt
Auffahrt eines Schleppgeleites über die Zufahrt Richtung Berlin.
Ausgehend von der fahrtechnisch günstig ausgelegten Auffahrt ist gesichert, daß die Transporte über die Abfahrt Dresden – entgegen der Fahrtrichtung – und den im Brückenbereich befestigten Mittelstreifen auf die Fahrspur Hermsdorfer Kreuz gewechselt haben. Ein weiteres Indiz für die Richtigkeit dieser These ist die Tatsache, daß die »lichte Höhe« der Autobahnunterführung auf 4 m ausgelegt war – siehe Foto auf der nächsten Seite -, während die »lichte Höhe des U-Boot-Geleits« 4,35 m betrug. Damit schied das Unterfahren der Brücke aus, und es ist deshalb auch kein weiteres Umsetzen der Zug- und Schubfahrzeuge vor dem Beginn des Autobahntransportes erfolgt. Auf Seite 40 (Skizze) ist die Ein- und Überfahrt des Geleits markiert.

Die Autobahnunterführung mit einer Höhe von vier Metern.

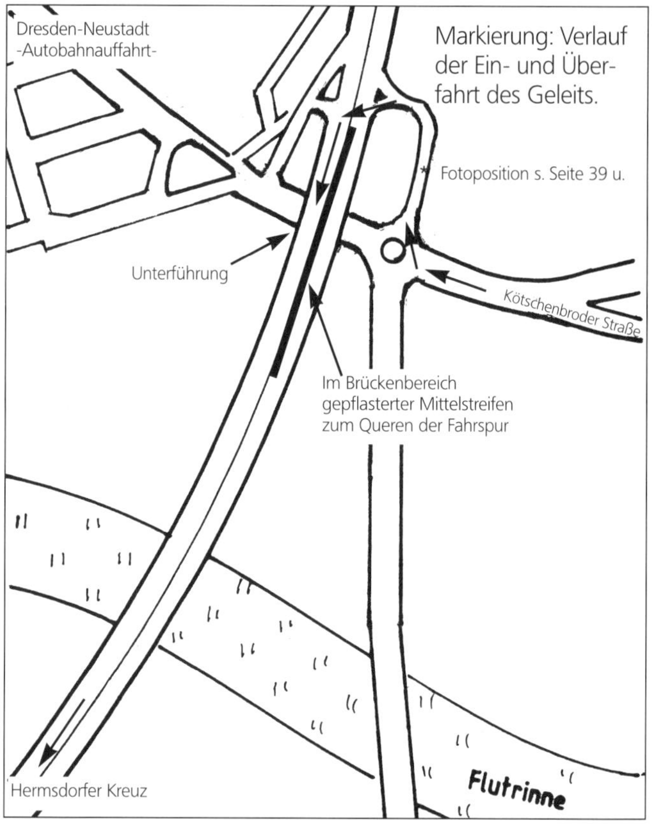

U-Boot der ersten Transportgruppe – Juni 1942
Schleppgeleit auf der Reichsautobahn zwischen Dresden und Ingolstadt. Die Zug- und Schubfahrzeuge sind paarweise hintereinander gekoppelt. Hinter dem Fahrerhaus eines jeden Schleppfahrzeuges befanden sich Zusatztanks für Treibstoff. Um Schwierigkeiten beim Stoppen oder Anfahren während der Überführung auszuschließen, erfolgte das Nachtanken ohne Fahrtunterbrechung. Wie sich im Verlauf der Transporte herausstellte, war das bei einer Reisegeschwindigkeit von acht Kilometern in der Stunde kein Problem. Der »Riesensaurier« benötigte für die rund 500 Kilometer von der Elbe bis zur Donau etwa 56 Stunden. Der aus Tarnungsgründen abgedeckte Druckkörper des U-Bootes liegt mit Bug voraus auf der Steuerbordseite und gibt kielseitig den Blick über die Gesamtlänge des Bootskörpers frei. Gut zu erkennen sind nur zwei der jeweils achträdrigen Trägergruppen des Kuhlemeyer-Tiefladers, die während des Landtransportes von Außensitzen manuell gesteuert wurden. Nicht sichtbar sind die beiden Trägergruppen der rechten Fahrbahnseite.

Auf diesem Bild handelt es sich um einen Streckenabschnitt nach dem Verkehrskreuz bei Greiz. Besondere Aufmerksamkeit verdient die Bespannung. Jeweils zwei Zug- und vier unterschiedlich gespannte Schubfahrzeuge waren für den Streckenabschnitt mit starken Anstiegen und Gefällstrecken erforderlich.

Überlandtransport eines U-Bootes auf der Reichsautobahn von Dresden nach Ingolstadt. Der Schleppzug befindet sich am Tischitzer Berg nach der Autobahnab- und -zufahrt von Gera. Nach etwa 16 Kilometern kommt es zur Passage des Hermsdorfer Kreuzes mit der Weiterfahrt in Richtung Hof.

Befahren des Hermsdorfer Kreuzes beim Überlandtransport von U-Booten und leichten Überwassereinheiten der deutschen Kriegsmarine im Zweiten Weltkrieg auf der ehemaligen Reichsautobahn von Dresden-Mitte bis Ingolstadt.

Nach sorgfältiger Recherche kann davon ausgegangen werden, daß das aus Richtung Dresden kommende Geleit bereits vor dem Kreuz – über den Mittelstreifen – die auf gleicher Ebene liegenden Fahrbahnen gewechselt hat und über die Ausfahrt Hof-Dresden, entgegen der Fahrtrichtung, das Kreuz umging. In Höhe des Rasthauses und der Tankstelle kam es dann zu einem erneuten Queren der Fahrbahnen für die Weiterfahrt – rechtsseitig – in Richtung Hof.

Auch in diesem Bereich war der Mittelstreifen gepflastert, und er ermöglichte problemlos das Queren. Ohne Verlust an Zeit und ohne technischen Aufwand ermöglichte diese Variante das Umgehen des Kreuzes für die Weiterfahrt in Richtung Hof.

Eine Bestätigung für die Richtigkeit meiner Annahme erhielt ich durch die Autobahnmeisterei Legefeld/Weimar mit dem Hinweis, daß noch in den achtziger Jahren Schwerlasttransporte auf diese Weise das Kreuz »umgangen« hatten.

Saalebrücke bei Hof
U-Boot-Überlandtransport passiert die Saalebrücke auf dem Weg nach Ingolstadt im Sommer 1942.
Nach dem Ende des Zweiten Weltkrieges spielte die Brücke im geteilten Deutschland zeitgeschichtlich eine besondere Rolle. Auf ihr verlief die »deutsch-deutsche« Grenze von Nord nach Süd quer über die Ostzufahrt zur Brücke.

Nach der Gespannform handelt es sich um das gleiche Geleit wie auf dem oberen Foto. Es befindet sich nach der Zu- und Abfahrt Trockau auf einem steil ansteigenden Streckenabschnitt in Richtung Nürnberg. Am Bildrand oben das Schloß des Fürsten zu Trockau.

Die Aufnahme entstand vermutlich nach dem Passieren des Hermsdorfer Kreuzes auf der Fahrt nach Hof. Das Foto könnte unmittelbar nach dem Kreuz – Bildrand rechts (Mitte) ist das Ende des gepflasterten Mittelstreifens deutlich zu sehen –, aber vor der Behelfsausfahrt Stadtroda entstanden sein.
Bis zu diesem Streckenabschnitt war der Mittelstreifen für einen Fahrbahnwechsel gepflastert.

Ingolstadt – von der Autobahn auf die Donau

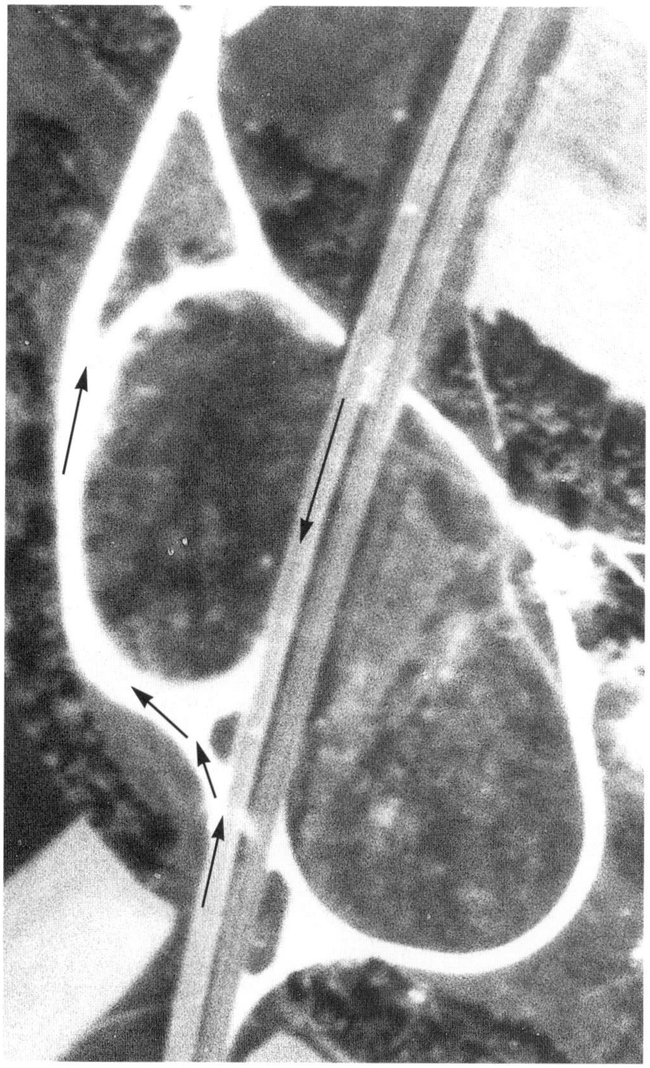

Am Ende der Autobahnauffahrt Richtung München stoppte der Transport, und es erfolgte letztmalig das Umsetzen der Zug- und Schubfahrzeuge für die Änderung der Fahrtrichtung.
Nach dem Wenden der Fahrzeuge wurde der Druckkörper – mit dem Heck voraus – über die Peisserstraße zur Slipanlage an der Donau überführt.

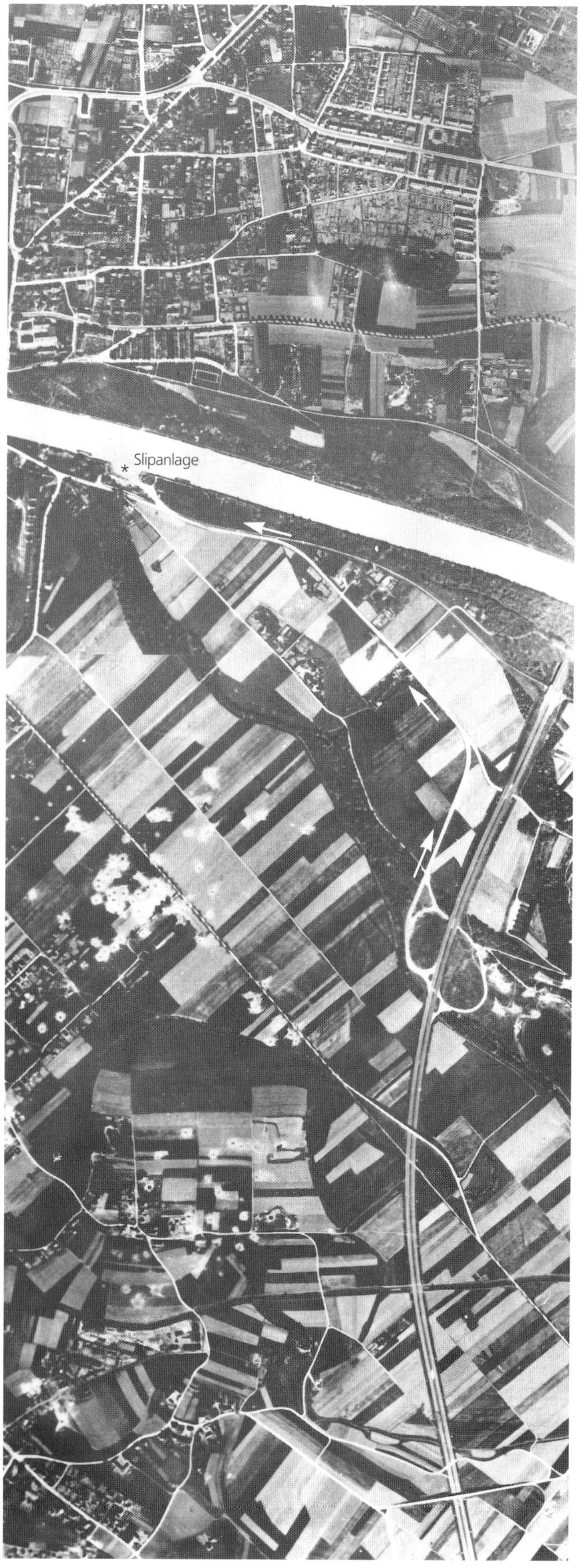

Ingolstadt
U-Boot-Überlandtransporte von der Autobahnabfahrt Ingolstadt-Auwaldsee über die Peisserstraße zur Slipanlage am westlichen Donauufer.

Der Bootsrumpf liegt bereits wieder getarnt in der Trägergruppe mit Blick auf die teilverdeckte Oberdeckseite. Nach stufenweisem Abbau der Holzunterbauten erfolgt das Aufsetzen auf Slipwagen.

Antransport der Pontons durch Schwerlastfahrzeuge vom Bahnhof Ingolstadt zum ehemaligen Pionierübungsplatz am Westufer der Donau. Die fünf Schwimmträger der oberen Reihe sind »formgerecht« gelagert. Für die untere Reihe wird der letzte Ponton vom Fahrzeug in Stapelhöhe abgesetzt. In den vorbereiteten Trog wurde später der Druckkörper eingefahren und mit den Schwimmträgern starr verbunden.

Aufbau, Anheben und Zusammenbau der Schwimmträger für die Aufnahme des Druckkörpers. Am unteren Bildrand ist eine der vier Slipwinden zu erkennen.

Slipanlage von Süden – Sommer 1942
Fünf ausgerichtete Pontons der Kielbereichsseite sind für die Aufnahme des Druckkörpers höhengerecht zur Montage vorbereitet. Etwas oberhalb der Pontonunterkante sind die Verbindungsstutzen für die starre Verbindung mit dem Gegenponton zu sehen. Die jeweiligen Pontons blieben während des Wassertransportes starr miteinander verbunden. Der Druckkörper lag »eingebettet« in den maßgeschneiderten und eine Einheit bildenden Trägergruppen. Nach der Montage der Schwimmkörper wurde der Holzunterbau auf hydraulischem Wege wieder abgebaut. Man senkte den Druckkörper mit seinen »Schwimmgürtel« auf die Slipwagen ab und setzte ihn auf. Mit Hilfe von Slipwinden wurde das Boot erneut gewassert.
Auf dem Foto wird ein Druckkörper – am linken oberen Bildrand sind die Umrisse eines abgedeckten Tiefenruders sichtbar –, auf Slipwagen liegend, langsam in die vorbereitete Kielträgergruppe eingefahren.

Ein Druckkörper von Schwimmträgern umschlossen auf den Slipwagen kurz vor dem Aufwassern. Deutlich heben sich von der Form her die steuerbordseitig – Blickrichtung Oberdeck – vom Bug bis zum Heck montierten fünf Träger ab. Unter dem Bug ist kielseitig die Unterkante – abgeschrägt verlaufend – des Bugpontons sichtbar.
Unterbrechungen im Oberdecksbereich von links: Maschinenmontageluk, Kombüsenluk, Öffnung für den demontierten druckfesten Turmteil mit den Umrissen der Turmverkleidung – darunter befindet sich das hier nicht sichtbare Zentraleluk. Im Anschluß die Montageplattform für die Kanone und – unter dem Übergang – das Torpedoluk. Am Bug in geöffnetem Zustand die »wasserdichte Back«.
Auf der gegenüberliegenden Seite der Schlachthofturm und ein Teil des Kuhlmann-Wohnblocks.

Vor dem Beginn des Slips zur Donau. Mit Bug voraus liegt das Boot auf der Anlage. Auch unter der Tarnabdeckung sind die Umrisse eines Torpedorohres gut sichtbar. Gut zu erkennen sind die vier zur Donau führenden Slipbahnen.
Im Hintergrund die Eisenbahnbrücke, die die Donau in Ost-West-Richtung überspannt.

Mit Hilfe der Slipwinden gleitet der Druckkörper auf der Ablaufbahn gesichert zum Stromufer.
Mit Sicherheit handelt es sich bei den beiden Aufnahmen um *U 19*.

Der in die Schwimmträger eingebettete Druckkörper ist nach dem Ablaufen aufgeschwommen. Der Schlepp auf der Donau zum Schwarzen Meer kann beginnen. Er erfolgt mit dem Bug voraus. Gut zu erkennen sind die oberdeck- und kielseitig montierten Schwimmträger und die von der Ablaufbahn in die Donau mündenden Gleispaare.
Im Hintergrund die Ingolstädter Eisenbahnbrücke.

Nach dem Aufschwimmen des Druckkörpers hält ein Bugsierfahrzeug das Geleit bis zur Schleppaufnahme im Strom.
Auf der gegenüberliegenden Stromseite ist der Schlachthofturm erkennbar.

Das Foto zeigt das Geleit nach der Schleppaufnahme auf dem nicht schiffbaren Stromabschnitt von Ingolstadt bis Regensburg. Schwierigkeiten waren beim Passieren der Pförringer Brücke, der Weltenburger Enge und der Steinernen Brücke in Regensburg nicht auszuschließen.

Regensburg – U-Boot-Passage durch die Steinerne Brücke

1942
Regensburg – Altstadt und Stromverlauf
① Donau
② Steinerne Brücke
③ Eiserne Brücke
④ Donau-Nordarm
⑤ Insel
⑥ Regenzufluß
⑦ Tankkahntransport über den Nordarm
⑧ U-Boot-Passage durch das zweite Joch der Steinernen Brücke

Alle von Ingolstadt auf der Donau nach Regensburg überführten U-Boote haben aus transporttechnischen Gründen erst am oberen Ende der Schiffaufzugsanlage anlegen müssen. Mit Hilfe eines Schleppers drehte jedes Geleit vor dem Schleusen im Strom um 180 Grad und passierte danach gesichert – mit dem Heck voraus – das zweite Joch der Steinernen Brücke. Ungeachtet der hohen Fließgeschwindigkeit stromab durch das Joch, die Höhendifferenz zwischen Ober- und Unterwasser betrug – je nach Wasserstand – 40 bis 60 cm, war es mit Hilfe von Behelfswinden und durch Trossenverbindung möglich, die Geleite problemlos aus dem chaotischen Strömungsbereich (Strömungsgeschwindigkeit = 0 m/sec) an das Südufer zu verholen. Die nachfolgende Verlegung, wieder mit dem Bug voraus in Richtung Eiserne Brücke und der Weiterschlepp durch Schlepper der 1. DDSG Wien in Richtung Linz und Galatz, erforderte keine besonderen Maßnahmen.

Steinerne Brücke
Der von Ingolstadt eingeschleppter Druckkörper hat nach dem Drehen im Strom mit dem Bug stromauf vor der Brücke am Südufer festgemacht. Für das Schleusen mit dem Heck voraus haben die Vorbereitungen begonnen. Mit dem Strom und Schleppersicherung ließ man das Geleit langsam durch das zweite Joch gleiten.
Am Ufer liegen die Trossen bereit, mit denen das Geleit über die Schiffaufzugsanlage und einem stromaufwärts stehenden Schlepper beim Schleusen gesichert wurde.

U-Boot-Passage durchs zweite Joch mit Trossenverbindung zum stromauf sichernden Schlepper.

Einschwimmen des Druckkörpers mit dem Heck voraus ins zweite Joch.
Gut zu erkennen sind das Brückenprovisorium, die Unterkunft für das bootseigene Begleitpersonal und das »Freiluft-WC mit Wasserspülung«.

Hinter der Brücke verändert im Unterwasser eine große Sandbank die Fließrichtung des weiterführenden Stromstrichs. Die Strömung verlagert sich zum Südufer hin in Richtung Eiserne Brücke.

Nach dem Passieren des zweiten Jochs liegt der Druckkörper im Wassersprung des Unterwassers.
Die Fließgeschwindigkeit nach dem »Wassersprung« ist gleich Null.
Das Geleit wurde mit Hilfe der Schiffaufzugsanlage und der Trossenverbindung mit Windenhilfe aus dem strömungslosen Bereich ans Südufer gezogen und festgemacht.

Anlegemanöver nach dem Passieren der Steinernen Brücke mit Muskelkraft. Die Anlegestelle befindet sich unterhalb des Wurstkuchls und des Salzstadl. Im strömungslosen Bereich wird das Geleit per Hand ans Ufer verholt. Der befestigte Uferbereich dient als Anleger für die Schiffaufzugsanlage. Im Hintergrund die Eiserne Brücke.

Linz – Winterhafen an der Donau – Zwischenstation der ersten Bootsgruppe

Luftaufnahme der Alliierten vom 10. Mai 1944.
Für die U-Boote der ersten Transportgruppe – *U 24*, *U 19* und *U 9* – erfolgte im Sommer 1942, nach der Überführung von Ingolstadt nach Linz, das Aufrichten des Druckkörpers und der teilweise Wiederaufbau. Die im Liegen eingeschleppten Boote wurden wieder in ihre normale Schwimmlage gebracht. Nach dem Aufrichten der Bootshülle und erneuter Verankerung der Schwimmträger erfolgte ihr Weitertransport nach Galatz.
Die kurzzeitige Demontage der Schwimmträger – Fluten der Hohlkörper bis auf ihren Restauftrieb – und das Lösen der starren Verbindungen ermöglichte das Wiederaufrichten. Taucher bewältigten, trotz mancherlei Schwierigkeiten, unter Wasser die Trennung der Schwimm- vom Druckkörper. Daß diese mit technischer Perfektion konstruierten Pontons mit ihren Verbindungen sowohl für einen »schlafenden« als auch einen »aufrechten« Transport allen Erwartungen entsprochen hatten, wurde als eine herausragende Leistung bewertet.

Auf dem Foto sind die mit dem Druckkörper fest verankerten Kupplungen zu den Schwimmträgern deutlich zu erkennen. Der Druckkörper »steht« bereits wieder.
Unter dem Kran das Maschinenmontageluk. In diesem Bereich war die Oberdeckverkleidung total entfernt worden. Rechts, in Höhe des Oberdecks, ist das geöffnete Zentraleluk sichtbar. Steuerbordseitig fehlt noch in Richtung Bug die demontierte Oberdeckverkleidung.
Bei dem Gebäude im Hintergrund handelt es sich nach Kpt. Steindl, Linz, um das frühere Kesselhaus und spätere – noch stehende – Shell-Gebäude.

Eine Aufnahme von *U 24* von der Wasserseite aus mit Buglage links nach der Schwimmträgermontage. Gut sichtbar der demontierte Oberdeckbereich über dem Maschinenmontageluk.

U 24 nach dem Wiederaufrichten in die Normalschwimmlage an der Kranpier. Das Umsetzen der Zusatzschwimmkörper ist noch nicht abgeschlossen. Einer dieser Zusatzschwimmkörper wird – Bildmitte links – als Arbeitsbühne benutzt.
Das Foto zeigt die Backbordseite von *U 24* mit Buglage links.

In Linz wurde nach dem Wiederaufrichten des Druckkörpers das Umsetzen der Zusatzschwimmkörper und ihre erneute Verankerung mit dem Druckkörper durch Taucher vorgenommen. Für die Sicherheit des unter Wasser arbeitenden Tauchers stand ein mit allen dafür erforderlichen Einrichtungen ausgerüsteter Kahn unmittelbar über der Tauchstelle zur Verfügung.
Beachtung verdient der Taucherhelm damaliger Zeit. Er wurde auf den Gummianzug aufgeschraubt. Bleischuhe vervollständigten die Ausrüstung des Tauchers.

U 24 wurde von der Kranpier in Richtung Nord aufgenommen. Es zeigt die Steuerbordseite mit Buglage rechts in Richtung Hafenausfahrt. Deutlich sind die Verbindungsachsen zwischen Druckkörper und Pontons zu sehen, die auch unter Wasser starr miteinander verbunden waren. Der teilweise Wiedereinbau von demontierten Betriebsanlagen erfolgte über das offene Maschinenluk. In diesem Bereich ist die Oberdeckverkleidung entfernt. Aus transporttechnischen Gründen wurde der Ballastkiel wegen des Tiefgangs erst in Galatz zugebaut.
Nach dem Lenzen der Pontons »steht« der Druckkörper auf dem Wasser.

Das Foto zeigt den wiederaufgerichteten Druckkörper von *U 24* backbordseitig mit Blickrichtung zum Heck nach Umsetzen der Schwimmkörper unter die Wasserlinie. Der Kahn im Vordergrund ist das Sicherungsboot für den Taucher. Die Gebäude im Hintergrund sind, nach Kpt. Steindl, Linz; zum Teil noch vorhanden. Genau in der Bildmitte ist das noch nicht wieder aufgesetzte Unterkunftsprovisorium für das Begleitpersonal des Bootes sichtbar.

Aufrichten des Druckkörpers und Umsetzen der Schwimmträger an der Kranpier. Durch das Fluten der Tauchzelle I wurde der Bug abgesenkt und damit das Einschwimmen und die Montage der für den Heckbereich bestimmten Pontons ermöglicht. Nach dem Ausblasen der Tauchzelle stand der Druckkörper »hoch« und »trocken«.

An der Kranpier – Südseite des Winterhafens – kam es nach dem Wiederaufrichten des Druckkörpers für alle drei U-Boote der ersten Transportgruppe, *U 24*, *U 19* und *U 9,0* im Sommer 1942 zum Teilwiedereinbau demontierter Anlagen. Durch die der Form des Druckkörpers angepaßten Pontonsektionen konnte auf Flachwasserstrecken von Elbe und Donau ein problemloser Schlepp erfolgen.

U 19 und *U 24* nach ihrem Wiederaufrichten und Umsetzen der Pontons als erste Boote zum Teilaufbau an der Kranpier.
Bei *U 19* – im Vordergrund – ist bereits der druckfeste Turm mit dem Sehrohrschacht wieder an Bord, während bei *U 24* – im Hintergrund – dieser Wiederaufbau abgeschlossen ist. Zumindest deutet der ausgefahrene Funkpeiler darauf hin.
Die Identifikation des zweiten Bootes, *U 24*, war durch seine Hecklage – Flutschlitzkennung nicht einsehbar – erschwert. Authentisch ist, daß *U 19* mit *U 24* als erste Boote dieser Gruppe in Linz eintrafen. *U 9* folgte als letztes und drittes Boot. Besonders anschaulich wird mit diesem Foto dokumentiert, wie der Druckkörper nach dem Umsetzen erneut mit den Schwimmkörpern verankert wurde. Die Schwimmkörper waren seitlich miteinander verbunden und paarweise mit denen – unter dem Druckkörper – der gegenüberliegenden Seite gekoppelt.
Bildmitte: Bei der in Höhe des Turmes von *U 19* sichtbaren Bugspitze handelt es sich um ein zur Werftüberholung in Linz liegendes Schnellboot.
Eine Anfrage bei Kpt.z.S.a.D. Behrend, damaliger S-Boot-Kommandant, ergab, daß es sich um *S 40* oder *S 47* handelt. Beide Boote hatten zu dieser Zeit in Linz »Große Werftliegezeit«.
Im Verlauf der Kranbahn ist ein Teil des Mühlviertelhöhenzuges mit dem Pfennigberg zu sehen. Hinter dem Damm links verläuft die Donau.

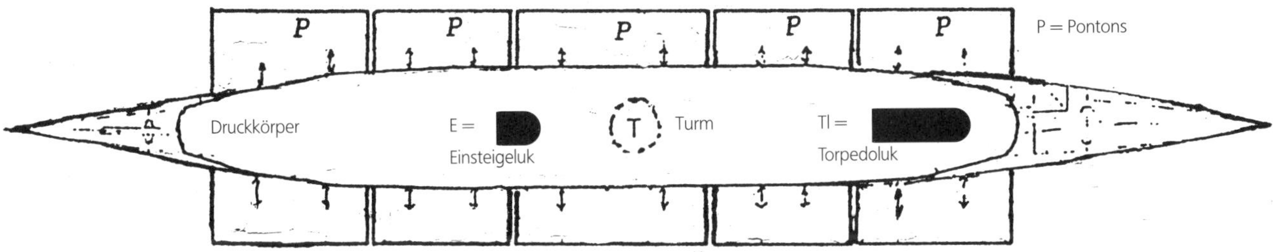

Anordnung der Pontons auf der Strecke Ingolstadt – Galatz

Auf der Donau bis Galatz zum Werfthafen

Mit dem Beginn der Dunkelheit wurde das Schleppen unterbrochen, und das Geleit ankerte in unmittelbarer Nähe des Ufers gegen den Strom. Auf beiden Aufnahmen wird das Geleit von der »YBBS« – DDSG Wien – im Seitenschlepp transportiert. Es ließ sich nicht klären, ob das Abweichen von der Form des Schlepps auf stromtechnische Bedingungen zurückgeführt werden mußte.

Auf dem unteren Foto wird der Seitenschlepp durch »YBBS« – Raddampfer – besonders eindrucksvoll festgehalten. Auffallend die starke Hecksee. Die »YBBS« fiel im April 1944 der Sowjetunion als Kriegsbeute bei Korneuburg zu. 1946 wurde sie an Ungarn abgegeben und erst 1963 aus dem Verkehr gezogen. Zum Schleppvorgang auf der Donau siehe auch Seite 57.

U 18 im Schlepptau des Motorschiffs *Burgau II* donauabwärts.
Gesichert von zwei Schutzkänen gleitet das »schlafende« U-Boot seinem neuen Einsatzgebiet entgegen. Starke Stämme halten während des Transportes die Distanz zum Druckkörper, während zusätzliche Stahltrossen diagonale Verschiebungen oder Veränderungen auffangen. Die über den mit Planen abgedeckten Druckkörper verlegten Holzbrücken ermöglichten während des Schlepps Kontrollgänge um das Boot und über die Außenbereiche der Schwimmkörper. Nach Auffassung von Donaukapitän a. D. Csikòs, Deggendorf, wurde diese Aufnahme ca. 7 km westlich von Ogradena/Jugoslawien bei Stromkilometer 970 aufgenommen. Kenner der Landschaft schließen nicht aus, daß es sich um den österreichischen Strudengau bei Grain handeln könnte.
Das 1942 auf der Linzer Werft für die 1. DDSG Wien gebaute Motorschiff ging vermutlich beim Rückzug im Sommer des Jahres 1944 verloren. Es war bei Stromkilometer 1228 auf eine Mine gelaufen. Als jugoslawische Kriegsbeute gehoben und umgebaut, nahm es als *Perister* den Schleppdienst wieder auf.

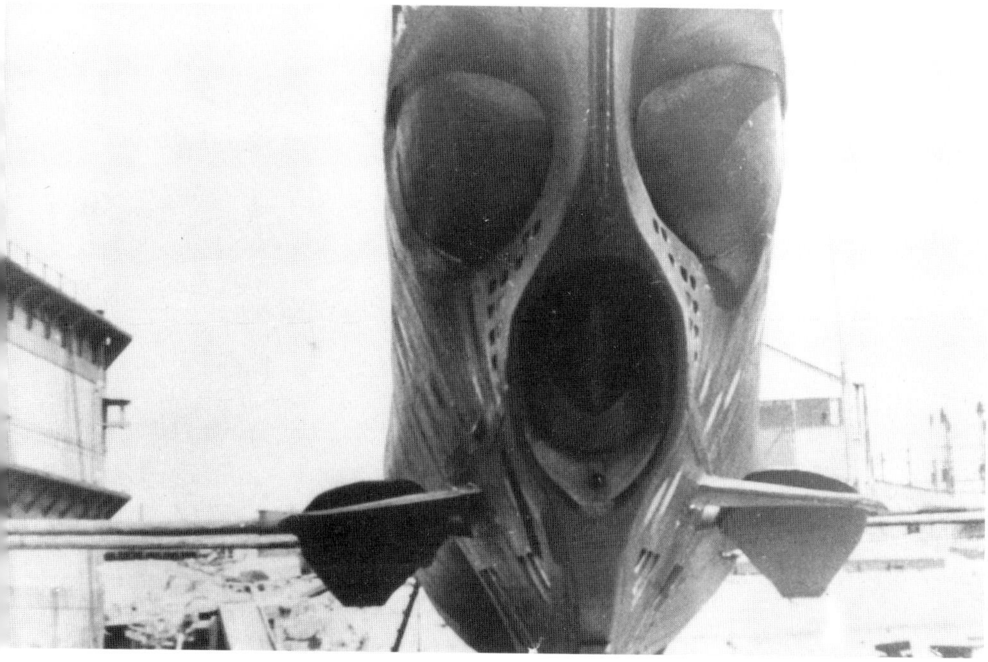

U 18 im Dock
Nach dem Ende des Donauschlepps erfolgte das Eindocken und der Abbau der Schwimmträger. Das U-Boot steht auf seinem Setzkiel und wird aus Sicherheitsgründen nach beiden Seiten gegen die Dockwände mit starken Balken zusätzlich abgestützt. Bei der eindrucksvollen Bugansicht wirken die geschlossnen Torpedo-Austrittsöffnungen wie das Gesicht eines Ungeheuers. Verstärkt wird dieser Eindruck durch die beiden leicht nach unten abgewinkelten Tiefenruder.

Werfthafen der 30. U-Flottille
Luftbildaufnahme der Alliierten vom 31. Mai 1944
Air Foto Library University of Keele

Von Galatz nach Konstanza

Die beiden Kortdüsen mit den hinteren Tiefenrudern fallen besonders auf. Die beiden Schiffsschrauben sind noch nicht montiert. Vor dem Turm das abgedeckte Maschinenluk und die schwenkbare Dockbrücke am Dockende.

Donauhafen – 6. Mai 1943
Indienststellung von *U 18*
Lt. (Ing.) Deutschmann meldet dem Kommandanten, Oblt.z.S. Fleige, die zur Werftübergabe an Bord des Bootes angetretene Besatzung.

Flaggenhissung nach der Übernahme des Bootes.
Am Flaggenstock: Matr.-Gefr. Schlichting.

Nach der Indienststellung von *U 9* am 28. Oktober 1942 in Galatz befindet sich das Boot donauabwärts auf dem Weg nach Sulina und Konstanza. Die wachfreie Besatzung erlebt die Überfahrt des Bootes auf der Donau an Oberdeck.
Auf der Brücke: Ein Donaulotse und der I WO, Leutnant z.S. Klapdor.

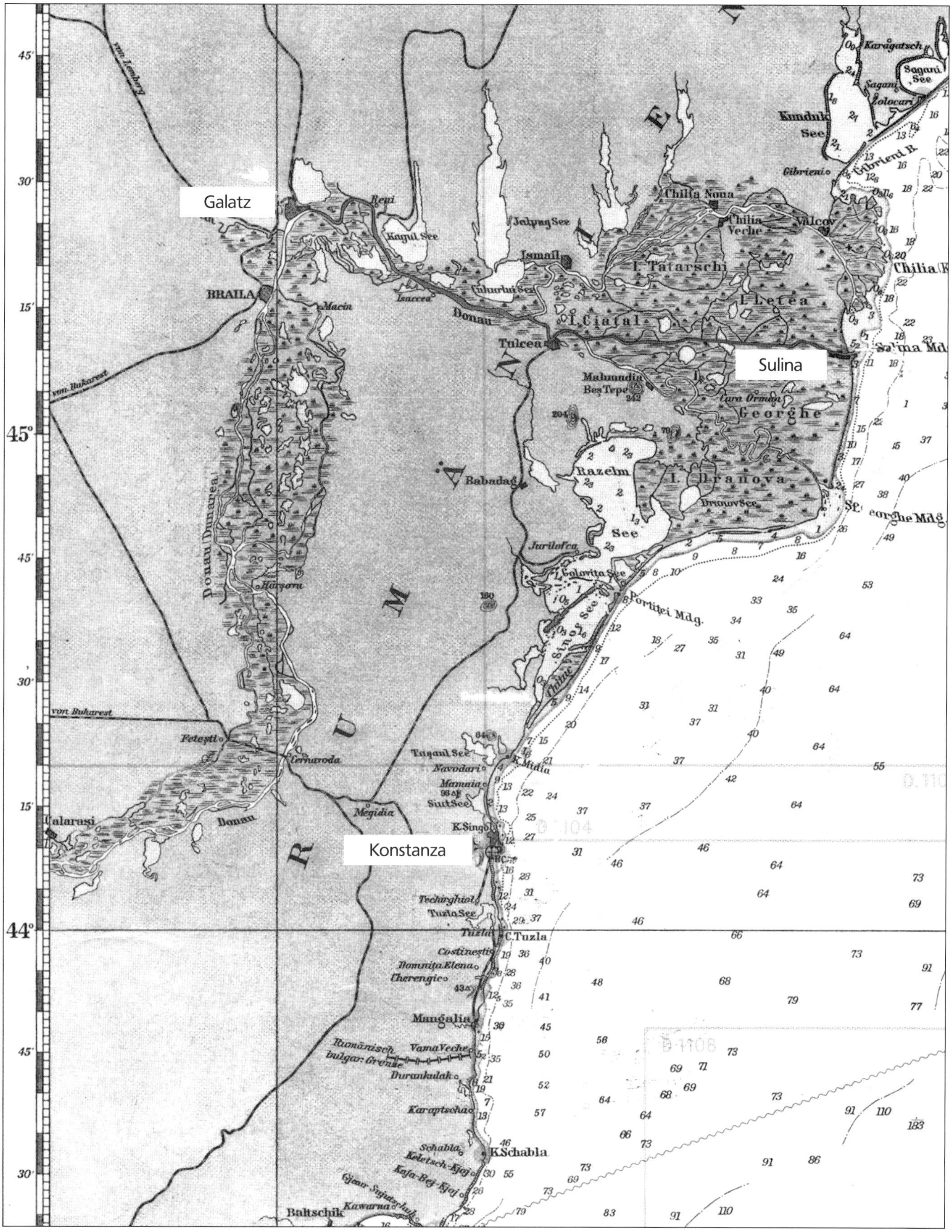

Auszug aus der Seekarte: Überführungsstrecke von Galatz nach Konstanza.

Konstanza – Stützpunkt der 30. U-Flottille

Konstanza – Alliierte Luftaufnahme vom 31. Mai 1944

Teil des Stadtgebietes mit Schwarzmeerhafen.

Alliierte Luftaufnahme vom Hafen am 31. Mai 1944 – Ausschnittsvergrößerung –
Südwestlicher Hafenbereich.
Zum Zeitpunkt der Luftaufnahme lagen *U 9* und *U 19* im Stützpunkt. Die Silhouetten der beiden Boote sind gut zu erkennen – siehe Pfeil.

Konstanza-Fliegerhorst-See

1 fünf Flughallen, zus. etwa 3.700 m²
2 Werft, etwa 1.400 m²
3 Ablaufbahnen für Wasserflugzeuge
4 Unterkunfts- und Betriebsgebäude
5 anschl. Anlegeplatz für Wasserflugzeuge

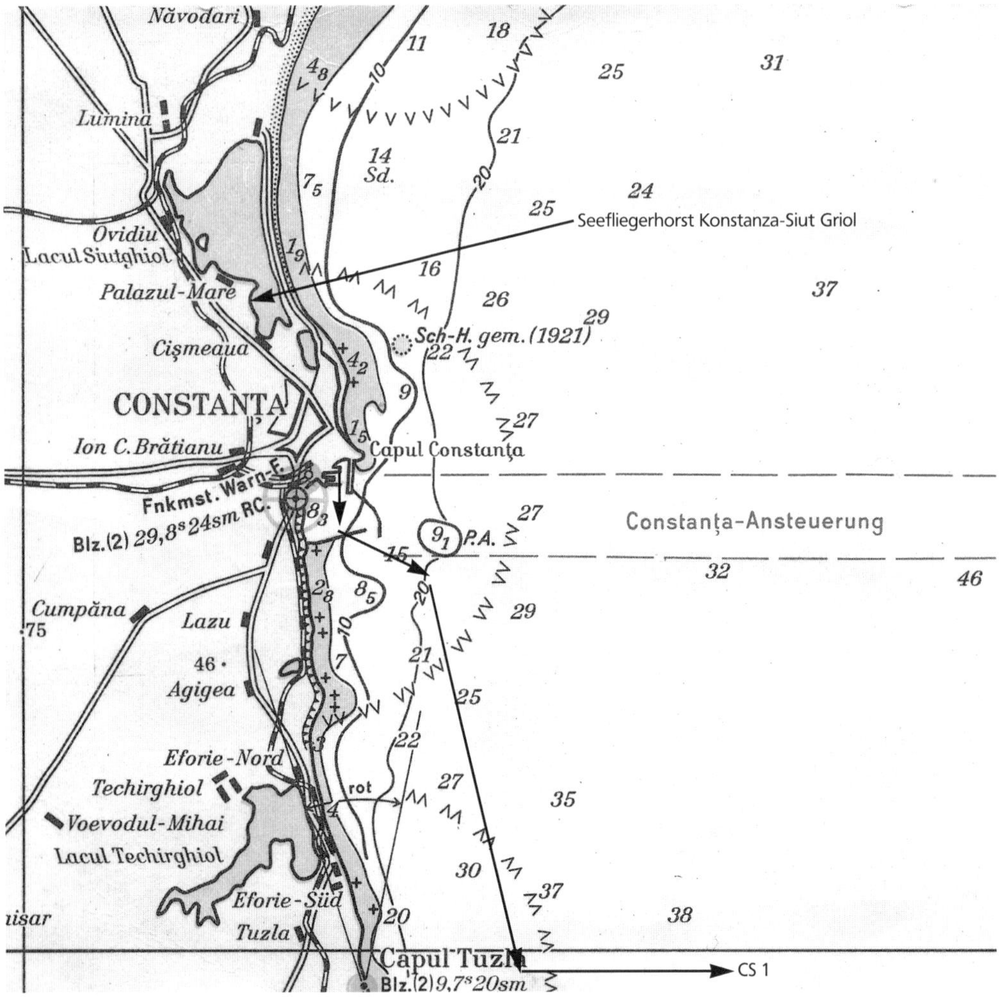

Seekartenauszug: Konstanza – Aus- und Einlaufkurs über CS 1.

Als erstes Boot der 30. U-Flottille läuft *U 24* am 25. Oktober 1942 unter Oblt.z.S. Petersen in Konstanza ein.

U 18 erreicht am 11. Mai 1943 unter Oblt.z.S. Fleige als viertes Boot Konstanza. Vom 7. bis 11. lag das Boot wegen fehlendem Geleit in Sulina fest.

Restarbeiten im Schwimmdock *U 20* und *U 23*. Eindeutig ist durch die Flutschlitzkennung und sein Bootswappen *U 20* auszumachen.
Im Hintergrund rechts: R-Boot der 30. R-Boot-Flottille.

U 20 und *U 23* im Dock.
Im Sommer 1943 erfolgte die Umrüstung der Boote auf »Großen Wintergarten«.

12. Juli 1944
Im Verlauf der Schwarzmeereinsätze lagen nur einmal alle sechs Boote im Stützpunkt.
1. Reihe v.l.: *U 18*, *U 19*, *U 9*, *U 23*
2. Reihe *U 20* mit *U 24*
Im Hintergrund die Getreidesilos des Haupthafens.

Liegeplätze am Ende des Hafenbeckens. Am unteren Bildrand: Teile von Oberdecksaufbauten deutscher R-Boote und ein Teil des Schwimmdocks.

Kapitänleutnant Helmut Rosenbaum – Crew 32, geb. am 12. Mai 1913 in Döbeln.
Flottillenchef 30. U-Flottille und Admiralstabsoffizier beim »Admiral Schwarzes Meer« vom Oktober 1942 bis Mai 1944.
Verleihung des Ritterkreuzes für die Versenkung des britischen Flugzeugträgers »Eagle« durch *U 73* am 12. August 1942 im Mittelmeer.
Rosenbaum kam bei einem Flugzeugunglück am 10. Mai 1944 in der Nähe des Eisernen Tores ums Leben.

Oblt. Fleige mit seinen Bootsoffizieren:
v.l.: Lt.z.S. Johannsen (II WO), Lt.z.S. Maurer (I WO), Oblt.z.S. Arendt (ehemaliger I WO) und Lt. (Ing.) Aufschlager (LI).

Stützpunktgelände – 18. Juli 1944
Verleihung des Ritterkreuzes an Oblt.z.S. Fleige, Kommandant von *U 18,* durch Kpt.z.S. von Conrady (ASM) in Anwesenheit von Besatzungen der 30. U-Flottille.

30. U-Flottille – Obersteuermänner und Obermaschinisten.

U 9 (Oblt.z.S. Schmidt-Weichert) verläßt am 20. Mai 1943 zu seinem fünften Einsatz Konstanza.

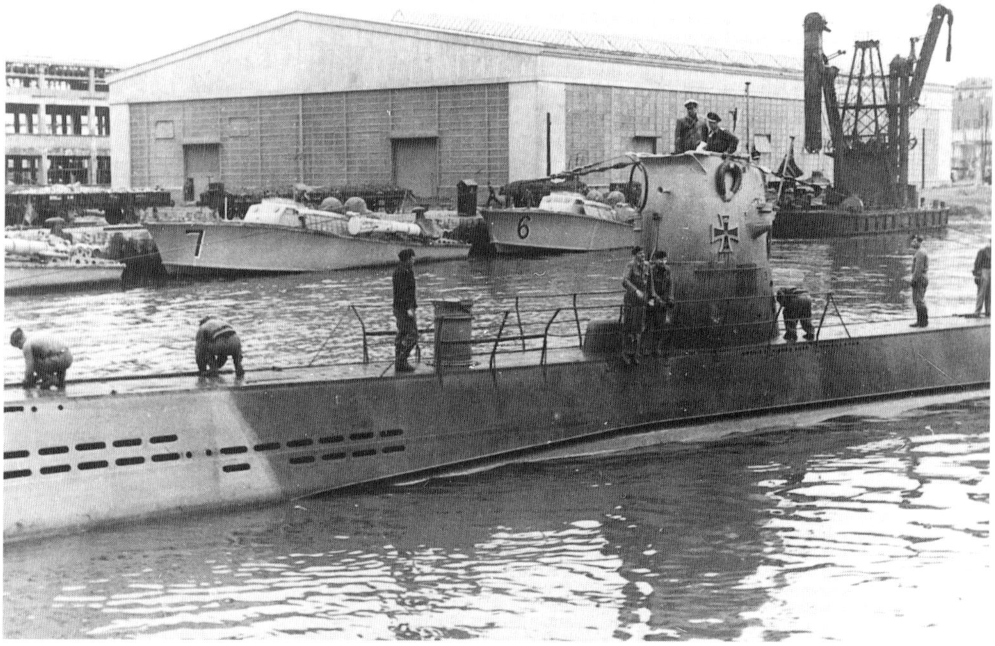

Kommandant Oblt.z.S. Klapdor meldet *U 9* zum Feindeinsatz auslaufklar.

U 18 – Leitender Ingenieur
Oblt. Deutschmann.

U 18 – Oberfeldwebel und Maate.

24. August 1943.
U 19 unter Kptlt. Gaude mit seiner Besatzung vom fünften Einsatz zurück. Gaude verabschiedet sich von seiner Besatzung.

Oblt. (Ing.) Heinz Bruns –
Flo.-Ing. 30. U-Flottille.

U 20 verläßt den Stützpunkt zu seinem dritten Feindeinsatz unter Oblt.z.S. Schöler im September 1943.
Erstmals läuft das Boot mit »Großem Wintergarten« aus.

Kommandantenwechsel – Kptlt. Wahlen übergibt das Boot *U 23* an Oblt.z.S. Arendt – Juni 1944.

U 23 läuft unter Oblt.z.S. Arendt zu seinem letzten Einsatz aus. Am 10. September 1944 erfolgte die Selbstversenkung des Bootes vor der türkischen Küste.

Heimkehr von *U 23* nach dem sechsten Feindeinsatz am 7. Juli 1943 unter Kptlt. Wahlen.

U 24
Einlaufen mit sowjetischer Beuteflagge am 25. August 1943.

U 24 verläßt unter Oblt.z.S. Landt-Hayen am 2. April 1944 den U-Stützpunkt Konstanza. Landt-Hayen meldet Besatzung und Boot beim Flottillenchef, Kptlt. Schöler, ab.

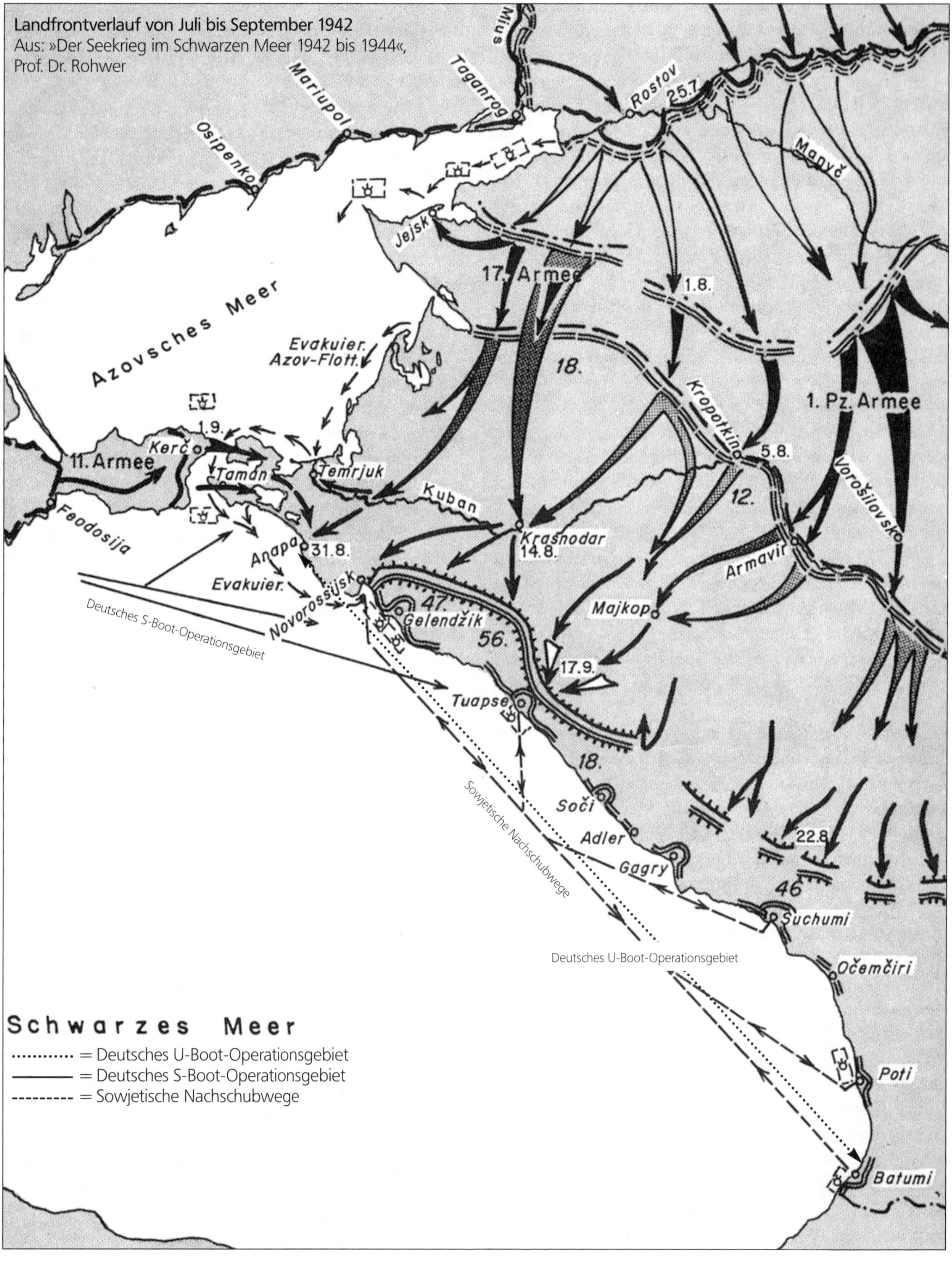

Landfrontverlauf von Juli bis September 1942
Aus: »Der Seekrieg im Schwarzen Meer 1942 bis 1944«, Prof. Dr. Rohwer

Kurzfassungen und Auszüge der Kriegstagebücher mit Abbildungen vom Typ IIB

Kurzfassung des Kriegstagebuches von *U 9*

Kiel	WO *U 7* KL W. Kaufmann 03.10.40 - *U 19*
Kiel	Memel zur Übergabe an die 24. U-Fl. Ab – 02.10.40 WO *U 37* KL J. Deecke 06.41 *U 584*+
Königsberg	03.10.40 Pillau – Memel mit *U 18* (Linder) 25.10.41 Danzig – 21. U-Fl. WO *U 95* KL H.-J. Schmidt-Weichert* April 1942 Boot a.D. – Werft zur Demontage

Überführung zum Schwarzen Meer:

Galatz/Rumänien

U 9	II. i.D. 28.10.42, 11.00 Uhr 30. U-Fl. 20.08.44+ *KL H.-J. Schmidt-Weichert 15.09.43 *U 3501*
Galatz	29.10.42 07.00 Uhr → Sulina 30.10.42 18.13 Uhr ←
Konstanza	11.11.42 07.00 Uhr → – 01.12.42 12.30 Uhr ← CL 18/72/85/98/94/96/98/94/74/93/98/82/57
04.11.42	CL 9785 04.12 Uhr Stadt und L-Feuer von Trapezund i.S.
16.11.	CL 9627/0363 14.33 Uhr mit MG kleine rote Tonne+
19.11.	12.26 Uhr mit Bootskamera Aufnahmen Poti/Hafen gemacht CL 1373 21.53 Uhr G 7a auf -D fehl
29.11.	CL 8184 08.15-09.34 Uhr UdSSR-Boot i.S. / taucht weg

1. 20 Tage / ~ 3.000 sm üW – 271,9 sm uW

Konstanza	19.12.42 11.45 Uhr → – 07.01.43 10.39 Uhr ← CL73/94/93/69/93/69/96/97/98/82/73/57/14
22.12.42	CL 8239 08.19 Uhr SS i.S. angelaufen / Gegner verschwand
27.12.	CL 9317 16.20 Uhr R-Boot i.S. – getaucht (8 Wabo) L-Schäden
31.12.	CL 9822 24.00 Uhr Wind O, starker Nebel, Sicht ca. 200 m
03.01.43	CS 0383 16.10-16.19 Uhr drei G 7e auf -DT fehl/Versager

2. 19. Tage / 2.219 sm üW – 153,1 sm uW

Konstanza Feodosia	03.02.43 11.00 Uhr → – 05.02.43 15.00 Uhr ← Treiböl-Übernahme und Schweißarbeiten Turm 05.02.43 07.50 Uhr → – 03.03.43 11.45 Uhr ← 06.02.43-25.02.43 CL 64/65 OpG
13.02.43	CL 6664 10.06 Uhr Fl-Angriff (MG-Beschuß u. 2 Flbo) fehl
14.02.	CL 6667 08.04 Uhr Fl-Angriff (MG-Beschuß auf Sehrohr)
Feodosia	26.02.43 10.14 Uhr – 11.58 Uhr von *Breslau* 8 t Öl und M-Öl. 27.02.43 08.44 Uhr von *MFP* Trinkwasser und Proviant
28.02.	CL 6280 Fl-Angriff (dt Ju 88) ↓ 10 Flbo Während des Unternehmens jeden Tag mehrmals wegen Flugzeugen getaucht.

3. 28 Tage / 3.042,9 sm üW – 316,1 sm uW

Konstanza	17.04.43 13.34 Uhr → – 10.05.43 09.15 Uhr ← CL 15/19/73 20.04.- 07.05.43 CL 96 OpG
18.04.43	CL 1955 04.34 Uhr rw 40° 4 Ts / achtern 3 vorn vorbei
26.04.	CL 9611 18.00 Uhr 29.04. CL 9614 10.06 Uhr und 01.05. 15.12 Uhr mit *U 19* (Gaude) Erfahrungsaustausch
05.05.	CL 9628 14.41 Uhr 3 Ts auf -DT / Detonation gehorcht
06.05.	CL 9643 15.13 Uhr T auf Bewacher fehl/ 6 Wabo Während des Unternehmens jeden Tag mehrmals wegen Flugzeugen getaucht.

4. 23 Tage / 2.622,4 sm üW – 275,9 sm uW

Konstanza	20.05.43 13.45 Uhr → – 12.06.43 11.30 Uhr ← CL 43/81 – CL 90 OpG – Adler/Kap Pizunda/Tuapse
22.05.43	CL 8272 17.05 Uhr mit MPi treibende Tonne+
23.05.	CL 9562 13.26 Uhr mit MG Treibmine+
26.05.	CL 663 13.45 Uhr – Ari-Beschuß von Land – getaucht
28.05.43	CL 6698 15.15 Uhr ↓ U-Jäger läuft an – 8/25/15/6/ Wabo
31.05.	CL 9316 16.30 Uhr mit *U 18* (Fleige) Erfahrungsaustausch

04.06.	CL 9317 18.12 Uhr Fl-Angriff – getaucht – 3 Bomben MG-Beschuß
Feodosia	09.06.43 13.27 Uhr von *Inga* Öl und Proviant – 10.06.43 18.00 Uhr →
11.06.	CL 5489 15.35 Uhr – mit MPi treibende Tonne+ Während des Unternehmens jeden Tag mehrmals Flugzeuge i.S. – getaucht

5. 23 Tage / 3.043,1 sm üW – 179,6 sm uW

Konstanza	16.06.43 Galatz/Werft Vergrößerung des Turms mit 2 cm Flak
Galatz	17.08.43-19.08.43
Konstanza	26.08.43 13.38 Uhr → – 06.09.43 12.15 Uhr ← CL 19/73/98 → CS 17-16 → CL 93/65/56/55
28.08.43	CL 9393 13.50 Uhr Geleit i.S. – Angriff / Schießen verpaßt
01.09.	CS 1672 12.00 Uhr eine Sehrohrmine (EMS) geworfen
04.09.	Kompasse, GHG, achtern Sehrohr ausgefallen / Abbruch
Sewastopol	von *Shell 1* Treiböl und von *Xanten* Proviant 09.09.43 18.00 Uhr → – 10.09.43 18.15 Uhr ←

6. 15 Tage / 1.661 sm üW – 157,6 sm uW

Konstanza	Kmdt.: *U 9* Oblt.z.S. Klapdor bis 07.04.44 28.09.43 13.00 Uhr Fl-Angriff (2 Maschinen) 2 Torpedos MG-Beschuß und Bomben fehl (Flak schießt beide Fl+)
Konstanza	02.10.43 13.50 Uhr → – 23.10.43 05.20 Uhr ← CL 54/55/56/65/56/64/91/93/94/61/93/69
06.10.43	CL 6571 dt Fl greifen 3 UdSSR DD an / x gesucht
09.10.	CL 5658 16.09 Uhr – mit Handgranaten treibendes dt Dingi+
Feodosia	Öl, Wasser, Proviant/ von Bord WO Obstm Buhre (fußkrank) 24.10.43 16.35 Uhr→ – 06.11.43 12.15 Uhr ←
29.10.	CL 9312 21.20 Uhr und 21.36 Uhr T III auf – DT / ein Treffer
01.11.	CL 6698 04.10 Uhr – von *U 18* (Fleige) Schlüsselmittel
03.11.	CL 9179 16.58 Uhr – Eine Sehrohrmine (EMS) geworfen

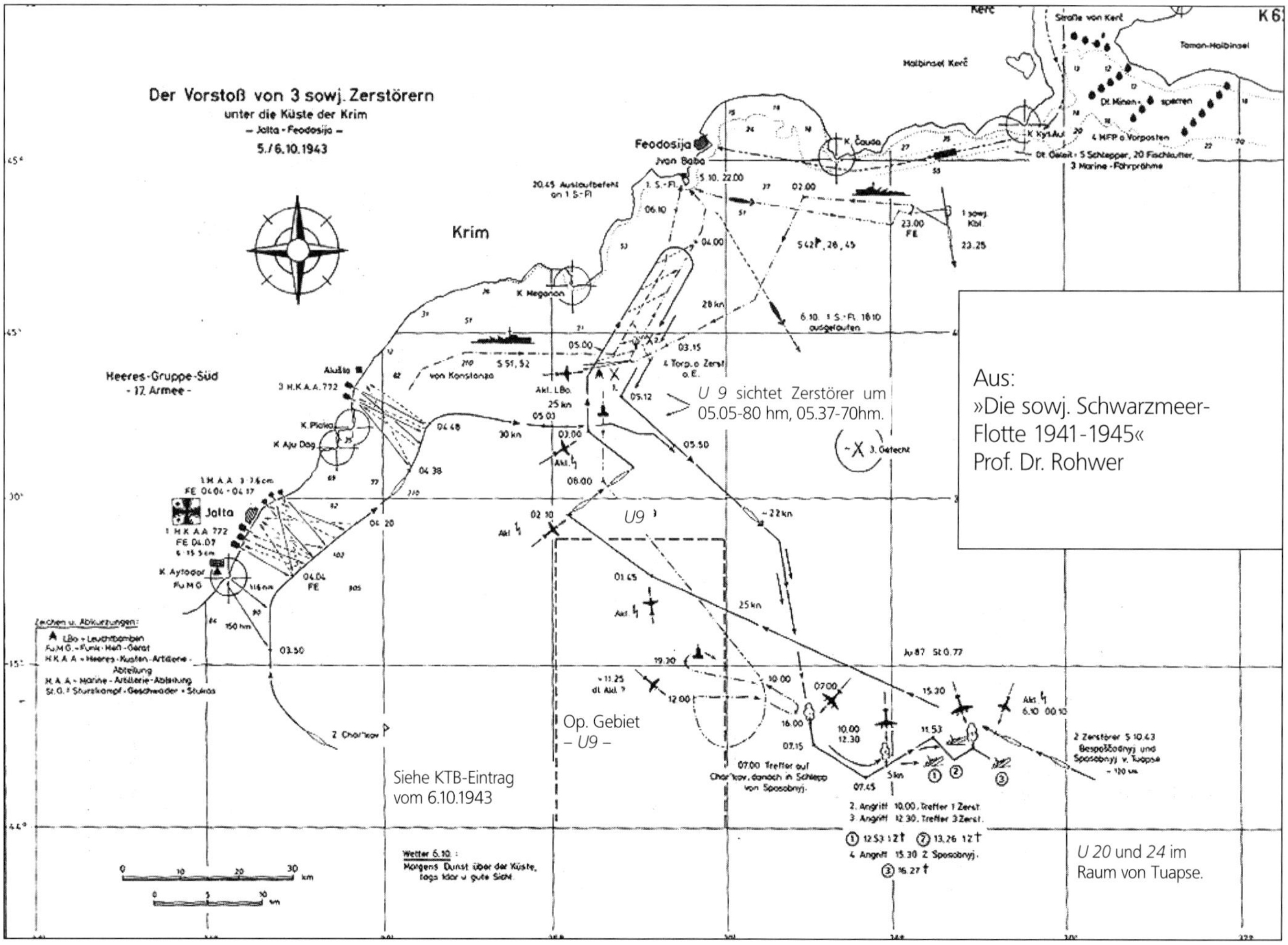

04.11.	CL 6424 06.56 Uhr – 08.42 Uhr UdSSR U-Boot beobachtet

7. 36 Tage / 3.508,1 sm üW – 501,3 sm uW

Konstanza	28.11.43 12.56 Uhr → – 25.12.43 08.16 Uhr ← CL 54/64/96/65/66/95 → CS 17 → CL 92/71/18
02.12.43	CL 9538 08.28 Uhr Sehrohr i.S. Bb überlaufen / Hdgr. geworfen
Feodosia	16.12.43 06.27 Uhr Treiböl und M-Öl übernommen 17.25 Uhr →
17.12.	CL 6670 15.25 Uhr mit U 23 (Wahlen) Erfahrungsaustausch
17.12.	CL 6923 21.15 Uhr eine Sehrohrmine (EMS) geworfen
19.12.	CS 1714 09.30 Uhr Dampfer i.S. / Vorsetzen gelingt nicht

8. 27 Tage / 3.073,7 sm üW – 258,6 sm uW

Konstanza	21.02.44 08.00 Uhr → – 25.02.44 18.18 Uhr ←
24.02.44	CL 6446 20 % bzw. 7 % Wasser im Öl – 10.00 Uhr Sewastopol
Sewastopol	Torpedo-Abgabe 19.04 Uhr → – 28.02.44, 09.42 Uhr ← 595,7 sm üW – 38,9 sm uW

Letzter Kommandant von U 9:
Oberleutnant z.S. Klapdor

20. August 1944:
Totalverlust des Bootes im Hafen von Konstanza durch Fliegerbomben. Im Bild links: Leutnant (Ing.) Versemann, LI auf *U 20*.

Oberleutnant z.S. Petersen, Kommandant von *U 24* und später als Kapitänleutnant von Juli bis Oktober 1944 letzter Flottillenchef der 30. U-Flottille.
Petersen fuhr die elfte Feindfahrt als Kommandant von *U 9*.
Im Bild rechts: Lt. (V) Rinke.

Konstanza 23.03.44 07.00 Uhr → CL 15/55/68/93 → CS 17 → CL 95/64

Feodosia 30.03.44 18.45 Uhr ← Treiböl, S-Öl und Proviantübernahme

31.03. Fl-Angriff (18 IL 2) 1 Fl-Bombe trifft. Bb – Delle im Druckkörper, 10 cm langer Riß und Beschußschäden (Flak 2 Fl+)
Kmdt. durch Bombensplitter verwundet – ins Lazarett
I WO (Lt Dehrmann) Kmdt i.V. – 05.04.44

Feodosia 31.03.44 20.15 Uhr → – 01.04.44, 07.27 Uhr → Jalta, 18.44 Uhr →

Sewastopol 02.04.44 03.12 Uhr ← Reparaturen am Bb-Diesel

Sewastopol 05.04.44 18.10 Uhr → – 06.04.44 21.55 Uhr ←

9. 23 Tage / 1.986 sm üW – 112,3 sm uW – 1 Flugzeug+

Kmdt *U 24* KL K. Petersen bis 06.44 – 30. U-Fl./Chef

Konstanza 26.04.44 → – 28.05.44 ←

05.05.44 CL 9180 sj-Df ? 50 BRT+

11.05. CL 9187 UdSSR PM Štorm (1. Erfolg mit TV) 700 ts+

16.05. CL 6619 11.35 Uhr 2 Ts auf sj -DT / keine Wirkung

25.05. CL 9140 10.01 Uhr TV auf APC und 2 MKB / T-Detonation
Es waren 3 Fahrzeuge – nach 30' nur noch 2 gesichtet

10. 14 Tage / 1 ~50 BRT+, 1 Minensuchboot+

Oblt.z.S. Klapdor 20.08.44 – *U 2538*

Konstanza 15.07.44 → – 11.08.44 ←

21.07.44 TV und am 24.07.44 TIII auf UdSSR MTB fehl

11. 27 Tage / CL 93/66/61 Sotschi – Krim

20.08.44 + Konstanza/Stützpunkt
10.30 Uhr UdSSR Fl-Bomben

Kurzfassung des Kriegstagebuches von *U 18*

18.08.1942 Boot a.D. Kiel/Werft zur Demontage
Überführung zum Schwarzen Meer:

Galatz/Holzhafen

U 18 III. i.D. 06.05.43 11.00 Uhr- 30. U-Fl. Fb – 25.08.44+
Kmdt.: Oblt.z.S. Fleige

Galatz 07.05.43 08.40 Uhr → Sulina / Geleit ist nicht zur Stelle

Sulina 11.05.43 05.00 Uhr → – 11.05.43 15.43 Uhr ←

Konstanza 26.05.43 13.45 Uhr → – 09.06.43 16.05 Uhr ←
CL 1981/7349/8373 → CL 90 OpG → CL 8383/7339/4248

30.05.43 CL 9683 08.13 Uhr T auf -D fehl / von M-Boot abgedrängt

31.05. CL 9316 16.34 Uhr mit *U 9* (S.-Weichert) Erfahrungsaustausch

03.06. CL 9650 17.34 Uhr Fl-Angriff / A-Tauchen (4 Flbo)

05.06. CL 9650 Angriffssehrohr abgesoffen / Rückmarsch. 16.07-16.40 Uhr 24 Wabo / Flugzeug leitete S-Boote

07.06. CL 8240 09.19 Uhr mit MG Treibmine+

1. 14 Tage / 1.511,2 sm üW – 76,4 sm uW

Konstanza 16.06.43 13.34 Uhr → – 29.06.43 19.49 Uhr ←
mit *U 19* (Gaude) CL 1668/568/642 → CL 66/91 OpG → CL 938/5692

18.06.43 CL 6476 16.12 Uhr U-Boot 340° i.S. – 21.33 Uhr Angriff verpaßt

23.06. CL 9179 sj -D *Leningrad* (~1.000) 1.783 BRT+
CL 9176 20.39 Uhr T auf Bewacher fehl/ T-Bahn gesichtet

25.06. 00.05 Uhr: Reede von Suchumi/Hafen eingedrungen – leer

28.06. CL 9473 01.28 Uhr 2 Ts auf sj -Bb und Leichter (~1.000)+

Sewastopol Treiböl-, Proviant- und Torpedo-Übernahme
03.07.43 13.00 Uhr → – 19.07.43 07.10 Uhr ←
CL 6482 → CL 66/91/66 OpG → CL 93/65 →

17.07.43 CL 9329 sj -D *Voroschilov* (.~2.000) – 3.906 BRT+

18.07. CL 6483 22.53 Uhr 3 T II auf UdSSR U-Boot fehl

Feodosia 20.07.43 07.30 Uhr → – 22.07.43 09.15 Uhr ←

2. 14/20 Tage / 2.267,5 sm üW – 385,4 sm uW – 2 –5.691 BRT+, 1 Leichter+

Konstanza 21.08.43 13.30 Uhr → – 15.09.43 10.30 Uhr ←
CL 1995/7381/8348 → CL 96-CS 16 OpG → CL 94/91/66/61

25.08.43 CS 1317 21.14 Uhr vor Kap Kodor Geleit i.S. – abgedrängt durch Scheinwerfer und Artillerie-Beschuß von Land

27.08. CL 9480 02.35 Uhr Treff *U 23* (Wahlen) / Erfahrungsaustausch

29.08. CL 9664 21.51 Uhr UdSSR APC (U-Boot-Falle) ~800 BRT+

30.08. CS 1642 19.32 Uhr MG-Feuer auf UdSSR PC= gab ES

Feodosia Öl und Proviant ergänzt – Obmt Rolke (krank) von Bord
16.09.43 17.00 Uhr → – 24.09.43 11.38 Uhr ←

18.09. CL 6653 05.39 Uhr 2 TIII auf Kümo, 1 Treffer gehört ~800 BRT+
Bewacher liegt bei der Sinkstelle und wirft Wabos

21.09. CL 9175 09.01 Uhr 2 TIII auf -DT fehl / 14 Wabo, L-Schäden

21.09. CL 9415 22.48 Uhr – Eine EMS (Sehrohrmine) geworfen

<u>3. 34 Tage / 2.303,3 sm üW – 632,5 sm uW – APC+, 1 Kümo+</u>

Konstanza 27.10.43 12.37 Uhr → – 30.10.43 08.49 Uhr ←
Öl-Ergänzung

30.10.43 12.10-13.00 Uhr Fl-Angriff auf Hafen mit abgewehrt (~150 2 cm verschossen)

Feodosia 30.10.43 13.45 Uhr → – 24.11.43 11.45 Uhr ←
CL 6582/9314 → CS 17 – CL 94 OpG → CL 64/54

01.11. CL 6697 04.00 Uhr an *U 9* (Klapdor) Schlüsselmittel

08.11. CS 1743 11.16 Uhr T-Treffer -TD ~2.000 BRT= läuft Hafen ein

18.11. CL 9176 17.11 Uhr 2 T-Treffer -D gesunken ~1.500 BRT+

20.11. CL 9172 13.00 Uhr 1,5 sm vor Tuapse 52 Wabos – Schäden

<u>4. 28 Tage / 1.956,5 sm üW – 439 sm uW 1 – ~1.500 BRT+</u>

Konstanza 27.11.43 → Galatz/Werft – 10.01.44 → Konstanza

Konstanza 29.01.44 13.00 Uhr → – 26.02.44 ←
CL 1699/6484/69/93/96 – CS 17 OpG → CL 96/56

08.02.44 CL 9140 14.06 Uhr Fl i.S. getaucht – 14.55 Uhr 7 Wabo

16.02. CS 1710 18.18 Uhr 3 TIII auf 2 -D auf Reede bzw. Pier, Brände an der Pier, -D Treffer (Heck sackt weg), ~1.500 BRT+

Sewastopol Ölpier fest, Treiböl-Ergänzung
27.02.44 17.30 Uhr → – 29.02.44 10.35 Uhr ←

<u>5. 31 Tage / 1.965 sm üW – 466,5 sm uW, 1 – ~1.500 BRT+</u>

Konstanza 25.03.44 01.00 Uhr → – 27.04.44 10.15 Uhr ←
CL 1884/5498/6812 → CL 85 OpG → CL 67/19

07.04.44 CL 8587 22.28 Uhr MG-Feuer auf UdSSR (läuft ab) APC=

22.04. CL 9419 07.45 Uhr 2 TIII auf 2 Leichter – ~800 BRT fehl

U 18 Bootswappen.

24.04. CL 8556 10.54 Uhr 3 TIII auf Küfa – ~500 – Schlepper und Leichter ~800 BRT
3 Detonationen gehört und 4 Wabo

25.04. CL 6719 12.09 Uhr U-Wasser-Rammstoß gegen SS versucht

25.04. CL 5719 12.25 Uhr MG-Beschuß von dt BV-138 (5 Anflüge)
U 18-Wappen: Roter Stern von Torpedo durchstoßen

<u>6. 33 Tage / 1.509,5 sm üW – 677,5 sm uW</u>

Kmdt: WO *U 18* Oblt.z.S. Arendt i.V. bis 07.06.44

Konstanza 25.05.44 13.40 Uhr → – 07.06.44 09.20 Uhr ←
CL 1699 → 6478 → CL 93/91/66/85 OpG → 64 → 1592

29.05.44 CL 6660 bis 2 sm an der Küste – keine Fahrzeuge i.S.

30.05. CL 6656 21.20 Uhr ein FT: Für Matr.-Obgefr. Menzel am 22.05. ein strammer Stammhalter angekommen. Mia und Kind wohlauf. Glückwunsch

31.05. CL 8556 08.28 Uhr T III auf Schlepper Treffer ~300 BRT+

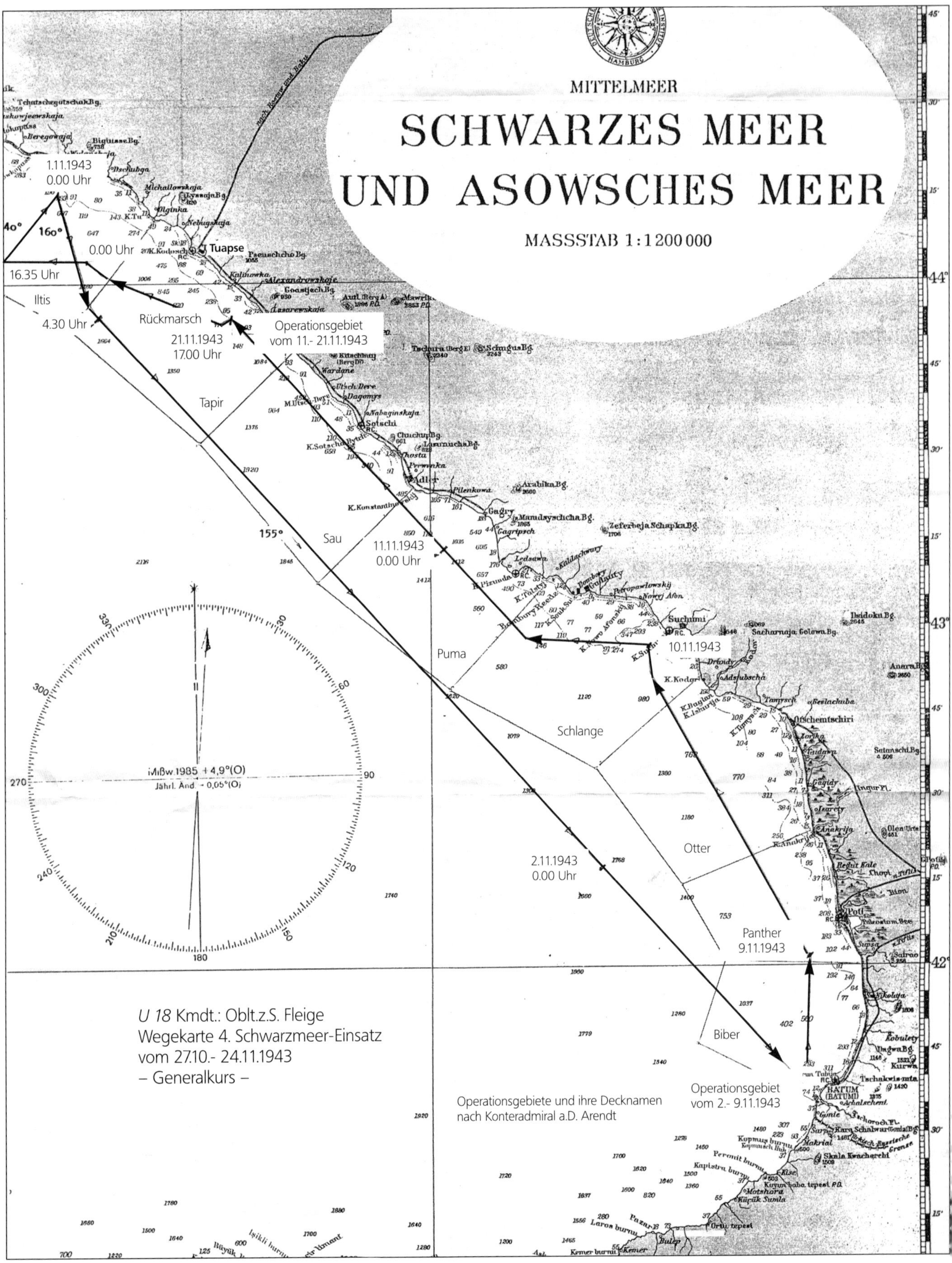

U 18 Kmdt.: Oblt.z.S. Fleige
Wegekarte 4. Schwarzmeer-Einsatz
vom 27.10.- 24.11.1943
– Generalkurs –

Standorteintrag U 18 mit KTB-Auszug
4. Feindeinsatz vom 20.11.1943

Tag Uhrzeit	Ort Wetter	Vorkommnisse
16.00	CL 9176, NNO 2, 1, c1, + 15	Aufgetaucht. Unter Ausnutzung der völligen Dunkelheit in etwa 2-3 sm Abstand von der Küste auf- und abgestanden. Keine Beobachtungen.
20.00	CL 9175, NNO 2, 1, cl, + 14	Mit Mondaufgang von der Küste abgesetzt zum Aufladen Batterie.
24.00	CL 9178, NO 2, 1, c2, + 14,5	Nach NW bis in Höhe Kap Kodosch abgelaufen, um Geleitweg festzustellen, da morgens vor Tuapse-Häfen Verkehr gesichtet.
<u>20.11.</u>		
04.00	CL 9171, NNO 2,	Vorstoß auf Hafen Tuapse.
04.48	1, cl, + 13	Getaucht.
08.00	CL 9171	Unter Wasser Tuapse angesteuert, um evtl. Chancen auszunutzen.
12.00	CL 9172	Etmal: = $\frac{44{,}6 \text{ sm}}{16{,}2 \text{ sm}}$ = 60,8 sm Auf 1,5 sm an Tuapse herangekommen. Im Hafen 4 kl. Frachter, 1 Tanker z.T. unter Dampf.
12.45		Flugzeug über dem Boot. Beim Erkunden Schußmöglichkeit auf einen an Brücke liegenden Frachter wahrscheinlich geortet oder von Flugzeug gesehen. Bewacher alarmiert. Schraubengeräusch. Langsam auf Tiefe gegangen. Bei 28 m. Tiefe Waboverfolgung von 2 oder 3 Wachfahrzeugen mit 52 z.T. sehr dicht liegenden Wabos. Vom Hafen abgelaufen.
15.00-15.30		Durch die heftigen Erschütterungen Rohr III gezogen, MZ ausgeschaltet.
16.00	CL 9175, SO 1, o, c3, + 14,5	Aufgetaucht. Festgestellte Störungen: St.B.E-Maschine, Bb.-Diesel ausgefallen. Kreisel, FT-Empf. und Echolot z.T. ausgefallen. St.B.-Hauptkupplung schlägt bei LF stark. Weitere kleine Schäden wie zerstörte Lampen, Sicherungen und Wasserstandsgläser werden beseitigt.

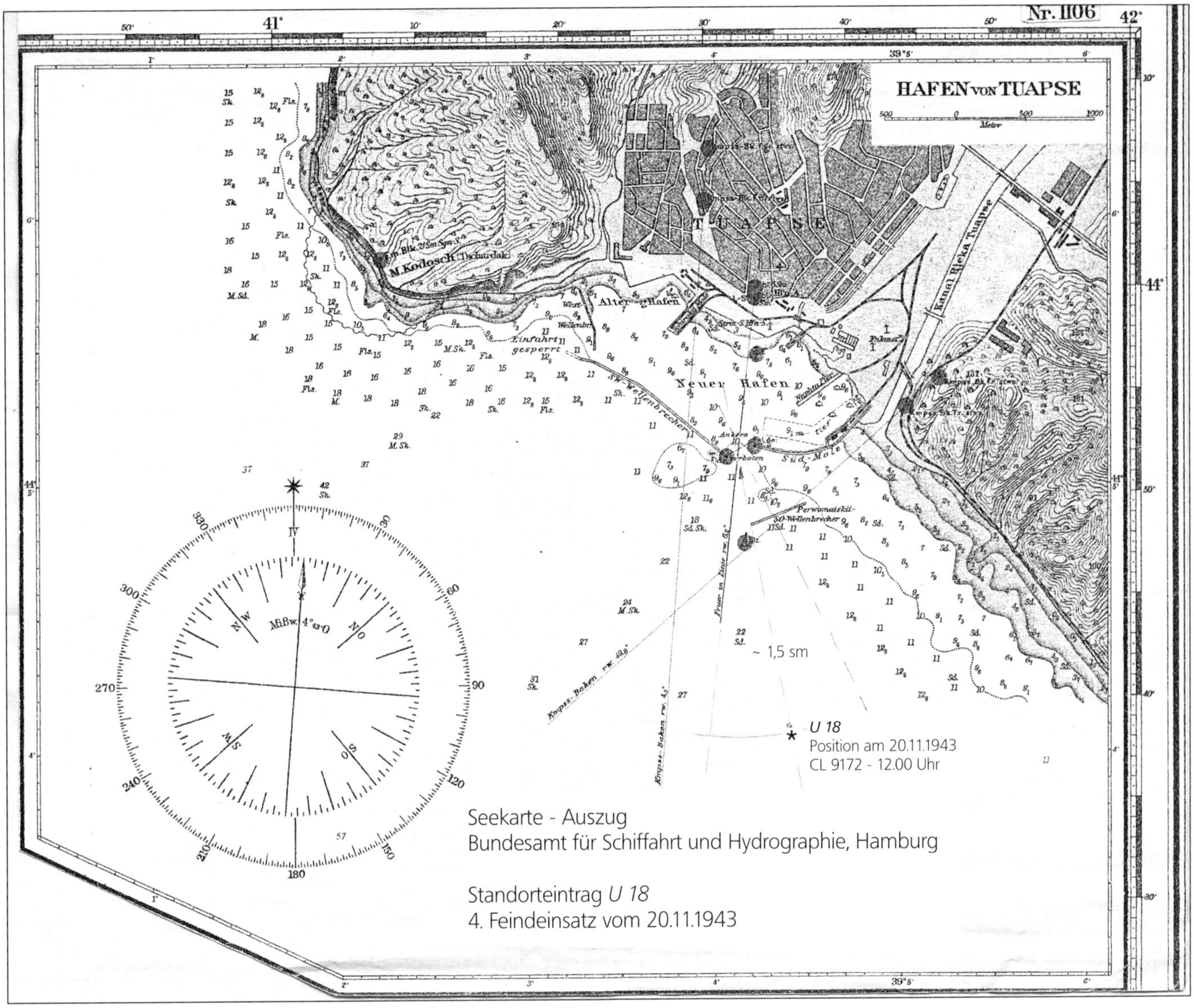

Seekarte - Auszug
Bundesamt für Schiffahrt und Hydrographie, Hamburg

Standorteintrag *U 18*
4. Feindeinsatz vom 20.11.1943

U 18 – Oblt.z.S. Fleige.

Skizze vom Nachtangriff auf den Hafen
von Batum am 16. Februar 1944.
Ziel: Dampfer auf Reede, Fahrzeuge an der Pier.
3 Einschüsse: R I, R III, R II
Laufzeit: (I) 4.45, (III) 4.47, (II) 5.05
Schußrichtung: 212°-214°-216°
Lage: 80-100° – Vorhalt: 0°

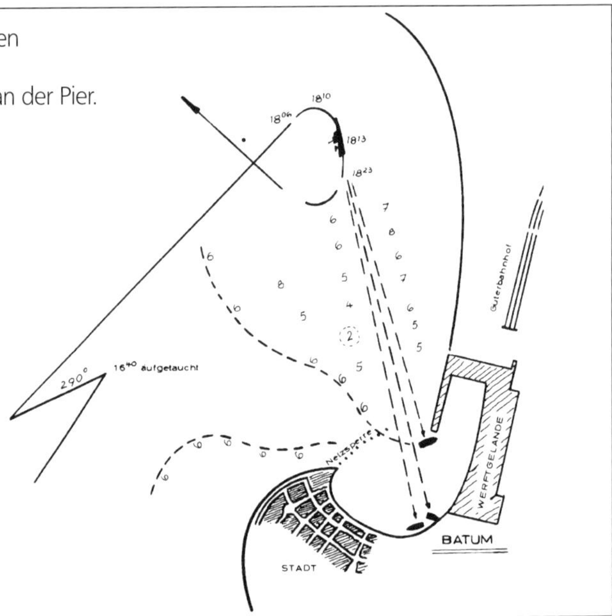

S t e l l u n g n a h m e

des

Flottillenchefs

zum KTB U 18 12. Feindfahrt (5. Schw. Meerunternehmung)

vom 25.11.43 - 29.2.44.

1.) Mit derselben gleichbleibenden Zähigkeit und Einsatzfreude wie bisher durchgeführte Unternehmung. Mangels irgendwelchen angreifbaren Nachschubverkehrs pirschte sich der Kommandant an den Hafen Batum heran und versenkte - von flachem Wasser über flaches Wasser durch die Netzsperrlücke schiessend - im Aussenhafen einen Frachter von 1500 BRT, an der Pier liegende Fahrzeuge erhielten zwei weitere Treffer. Ein schneidiger Einbruch in die "Höhle des Löwen"!

2.) Im Einzelnen:

a) Es fehlen die befohlenen vierstündigen Standortangaben nach Marine-Quadraten. Auch im Op.-Gebiet notwendig.

b) Die Entschlüsselungen der Führungs-FT weisen mehrfach Wort- und Sinnverstümmelungen auf. Schärfere Überwachung des FT-Personals, ggfs. nochmals aufnehmen lassen. (Appelle, Längstwelle).

O.U., den 15. März 1944.

Kapitänleutnant und Flottillenchef

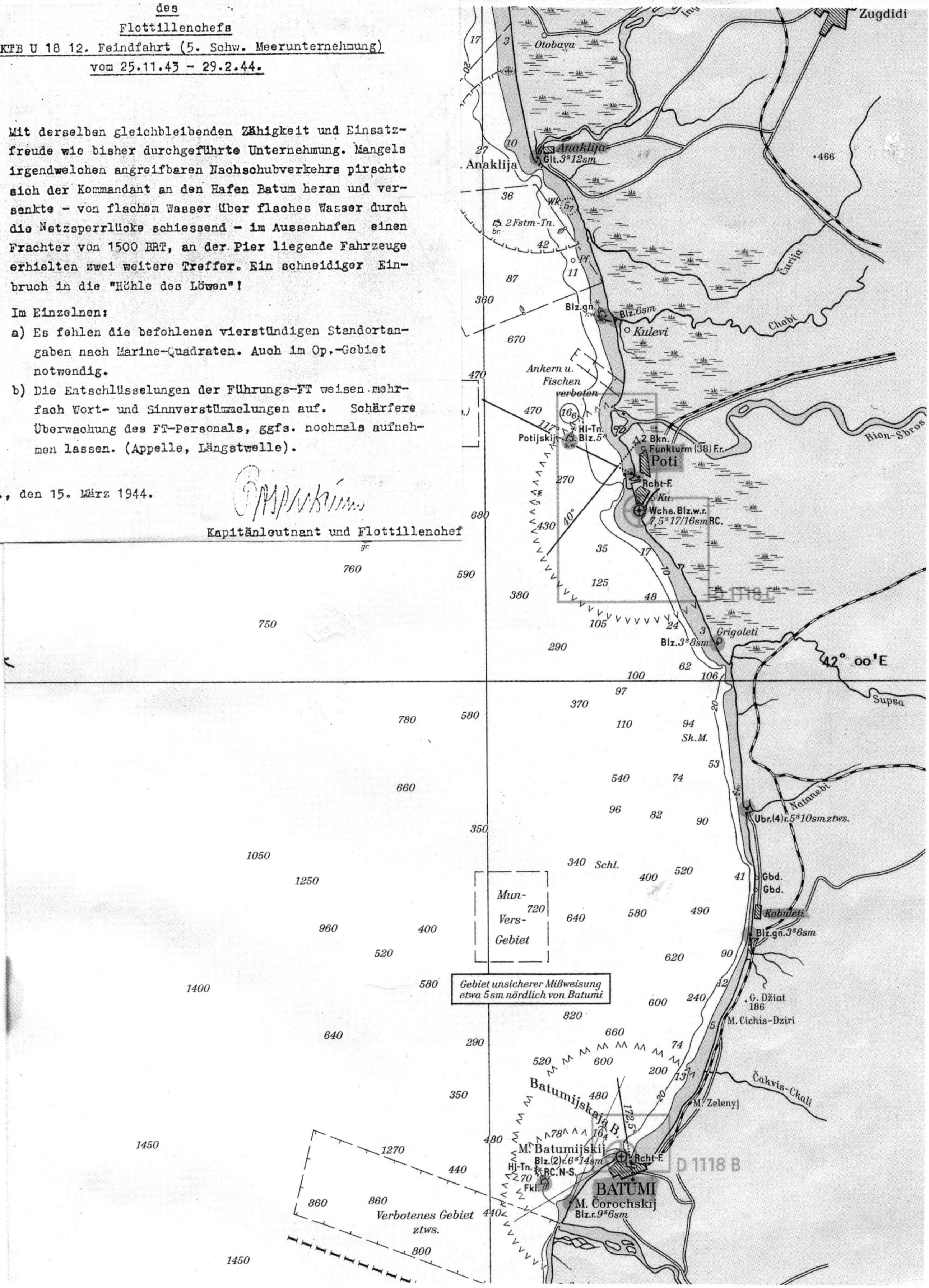

Operationsskizze Batum siehe Seite 80 unten

	CL 8556 13.36 Uhr T auf Schlepper fehl / bis 13.45 Uhr 107 Wabo
01.06.	CL 8582 14.34 Uhr TV auf UdSSR PG Treffer ~200 BRT+
04.06.	CL 8582 08.22 Uhr TV und 15.05 Uhr T auf -Df fehl
05.06.	CL 6560 03.45 Uhr 2cm Rohrreißer – 2 Leichtverletzte
06.06.	CL 1592 12.05 Uhr mit MG-Feuer treibenden Ponton+

7. 14 Tage / 997,6 sm üW – 235 sm uW

	Kmdt. Oblt.z.S. Fleige bis 25.08.44
Konstanza	24.07.44 → 16.08.44 ←
02.08.44	CS 1647 Angriff auf UdSSR Geleit -D ~1.500= und APC=
11.08.	CS 1646 sj Frachter ~1.500 BRT+
13.08.	CS 1716 TV auf 2 UdSSR; MTB Treffer ein PG+

8. 23 Tage / 1 – ~1.500 BRT+, 1 K-Boot+

Konstanza	25.08.44 – 12.30 Uhr– Räumung des Stützpunktes zur Selbstversenkung

Kurzfassung des Kriegstagebuches von *U 19*

Pillau	18.04.42 Kiel/Werft zur Demontage

Überführung zum Schwarzen Meer:
Galatz/Rumänien

U 19	II. i.D. 28.12.1942 30. U-Fl. Fb - 10.09.44+ Kmdt.: Oblt.z.S. Gaude bis 05.12.43
Sulina	30.12.42 07.03 Uhr → – 30.12.42 16.45 Uhr ← Konstanza
Konstanza	21.01.43 14.02 Uhr → – 11.02.43 10.34 Uhr ← (PK-Mann an Bord) CL 54/67/91/74 → CL 693 OpG → CL 56/66 Im OpG kein Besteck, schlechte Sicht, Schneetreiben und Nebel
01.02.43	CL 9317 1. Möglichkeit, Sonne zu schießen; 40 sm versetzt!
03.02.43	CL 6933 18.10 Uhr 2 DD i.S. Anlauf / DD laufen zackend ab
07.02.43	CL 6538 16.08 Uhr Begegnungen mit *U 24* (Schöler)
Feodosia	von *Breslau* Treiböl, Wasser und Proviant 12.02.43 08.30 Uhr → – 19.02.43 13.15 Uhr ←
15.02.43	CL 6537 04.13 Uhr 2 G 7e und 1 G 7a auf DD fehl

1. 29 Tage / 3.505 sm üW – 181,2 sm uW
Nur der Kmdt hatte Fronterfahrung

BV 138 im Überflug.
Links: Zwischen Motor und Rumpf zwei Wasserbomben.

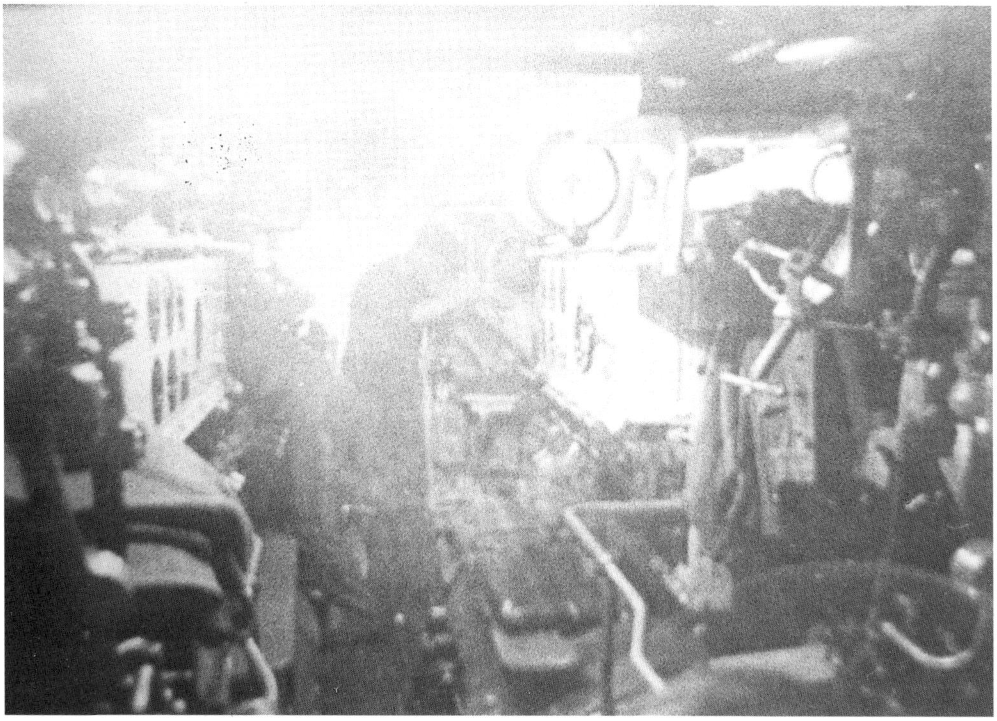

Diesel- und E-Anlage eines U-Bootes vom Typ II B
Blick aus der Höhe des Dieselfahrstandes in Richtung E-Maschinen und Heck. Zwischen Dieselanlage und E-Maschine befand sich die Hauptkupplung – etwa in Höhe der inneren Dieselabgasklappe (Bildmitte rechts). Der Stellung der Messerschalter an der Backbord-E-Maschine ist auf Ladung geschaltet.
Die geöffnete Abgasklappe belegt, daß »Batterieladung« bei »tropischen Temperaturen« – nackter Oberkörper – befohlen ist.

»Entwässern« des laufenden Hochdruckluftverdichters, dem Herzstück eines U-Bootes. Ohne Druckluft kein Ausblasen der Tauchzellen und Auftauchen. Die Tür unter der Uhr führt in den Heckraum mit vier Kojen für das Maschinenpersonal. Im Bild rechts die Tür zum einzigen WC auf einem II-B-Boot, das in dringendem Fall gerade noch auf Sehrohrtiefe benutzt werden konnte.

»Wache« – »Freiwache« – »Wache« bestimmte für Wochen den Zeitablauf auf einem U-Boot – sofern dieser Rhythmus nicht durch »Auf Gefechtsstation« unterbrochen wurde. Mahlzeiten im Bugtorpedoraum aus der Hand. Unter den angezogenen Beinen der Männer lagerten die Reservetorpedos. Erst wenn sie in den Rohren waren, gab es »Beinfreiheit«. Die oberen Kojen beidseitig wurden hochgeklappt, und sie erlaubten wenigstens ein einigermaßen aufrechtes Sitzen. Noch enger ging es im Bugraum zu, wenn die Kojen belegt waren. Zusätzliche Hängematten wurden für jene benötigt, die keine Wechselkoje in Anspruch nehmen konnten. Aus Platzgründen wurden sie auch »quer« vor den Torpedorohren gespannt. Auf dem Foto der Funker vor dem Antritt seiner Wachzeit. Das Schlafen im U-Boot-Päckchen war über die Dauer eines Einsatzes normal.

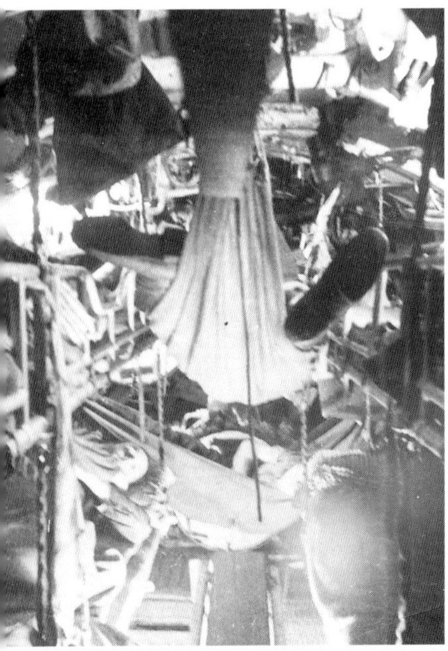

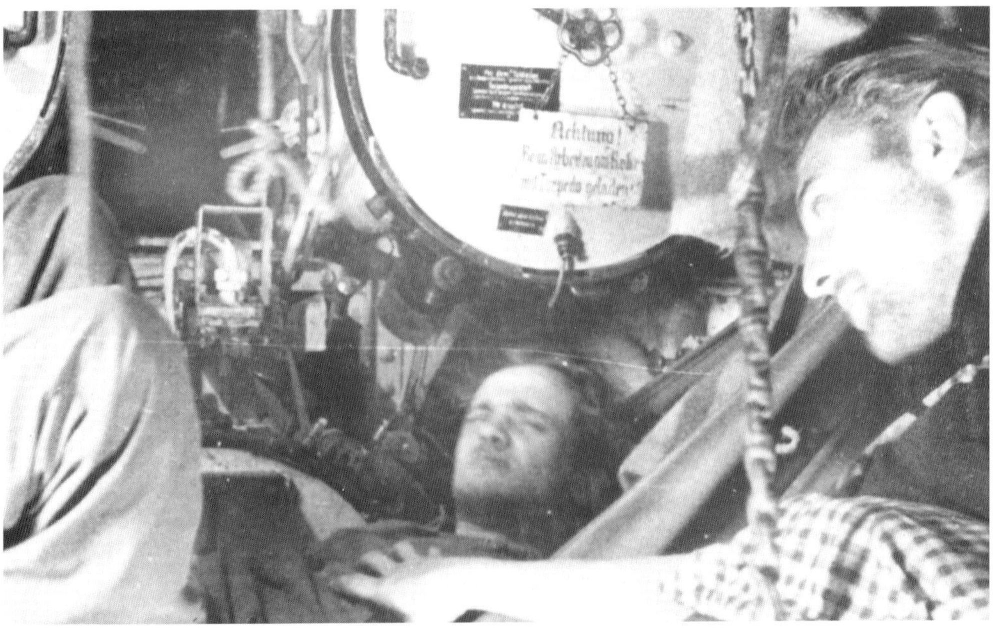

Essenempfang für »Selbstabholer« durch die Sprossen der Kombüsenlukleiter.

Kombüse – U-Boot vom Typ II B

Auf einer Grundfläche von ca. 1,5 m^2 »zauberte« der Smutje während des wochenlangen Einsatzes unter schwierigsten Bedingungen die täglichen Mahlzeiten für 24 Besatzungsmitglieder. Kochkünste und Einfallsreichtum waren gefragt.

»Sondereinsatz der Zentralbäckerei« am Kartentisch unter Obstm. Thieme. Im Hintergrund Ob.-Masch. Benzinger.
Im Bild rechts das Echolot. Bildmitte oben der Träger der Schnellentlüftung der Tauchzelle II backbord.

Begrüßung des am 22. Juli 1943 erfolgreich heimkehrenden *U 18* durch den Vertreter des Flottillenchefs, Oblt.z.S. Petersen, und Oblt. (MA) Stüwe – Adjutant – an der Pier.
Halb verdeckt, Oblt.z.S. Gaude, *U 19;* Oblt.z.S. Petersen, Chefvertreter; verdeckt: Oblt.z.S. Wahlen, *U 23,* und Oblt.z.S. Fleige, *U 18.*

Für den Erfolg: »EK II« und »U-Boot-Abzeichen« durch den Flottillenchef.

Lt.z.S. Arendt (I WO) *U 18.*
Schräg darüber: Boots-Maat Kretzler.
Bildmitte rechts: Der Verfasser.

Konstanza 17.03.43 06.06 Uhr → – 30.03.43 13.45 Uhr ← CL 15/55 → CL 9340-9390 OpG → CL 66/59/57/19/14

22.03.43 CL 9360 18.26 Uhr auf *U 24* (Schöler) zugelaufen – taucht

23.03. CL 9447 12.59 Uhr 3 Ts auf -DP= ? ~2.000 BRT – starke Detonation
3 R-Boote laufen an (4 Wabos) keine Schäden

27.03. Stb-Maschine Drucklager ausgelaufen – Rückmarsch

2. 13 Tage / 1.814,5 sm üW – 92 sm uW

Konstanza 14.04.43 → – 04.05.43 ←

26.04.43 CL 9611 18.00 Uhr am 29. CL 9614 und am 01.05.43, 15.12 Uhr mit *U 9* (Schmidt-Weichert) Erfahrungsaustausch

3. 20 Tage / CL 90 Tuapse/Gagry

Konstanza 10.06.43 13.51 Uhr → – 11.06.43 13.20 Uhr ← Abgasventil undicht in 90' ca. 400 l Wasser im Boot

Konstanza 16.06.43 13.43 Uhr → – 08.07.43 14.02 Uhr ← mit *U 18* (Fleige) CL 18/71/81 → CL 98 – CS 17 OpG

22.06.43 CS 1744 04.20 Uhr -D i.S. 05.20 Uhr: Fl fliegt an / getaucht

30.06. CL 9691 16.26 Uhr uW Fl-MG-Beschuß auf das Sehrohr

06.07. CL 9472 18.43 Uhr T auf UdSSR-Schlepper fehl

06.07. CL 9315 16.26 Uhr Ari-Beschuß ↓ / in 65' 15 Wabo

Feodosia Treiböl-Übernahme 16.30 Uhr Fl-Angriff / keine Schäden
08.07.43 19.00 Uhr → – 10.07.43 8.00 Uhr ←

4. 24 Tage / 2.952,4 sm üW – 340,7 sm uW

Konstanza 25.07.43 → – 24.08.43 ←

04.08.43 CL 9348 10.40 Uhr an *U 20* (Schöler) kranken Obstm

21.08. CL 9327 00.27 Uhr Treff *U 24* (Petersen) und *U 23* (Wahlen), Erfahrungsaustausch und Festlegen der Positionen

22.08. CL 9472 03.00 Uhr – 03.20 Uhr mit *U 23* Erfahrungsaustausch

5. 30 Tage / CL 60/90 Tuapse/Sotschi

Konstanza → Galatz/Werft – Überholung – Konstanza ←

Konstanza 11.11.43 17.15 Uhr → – 02.12.43 ←

6. 21 Tage CL 66/93 Tuapse/Sotschi

Kmdt.: WO *U 19* Oblt.z.S. W. Ohlenburg bis 11.09.44

Konstanza 22.12.43 07.00 Uhr → – 19.01.44 09.45 Uhr ← CL 15/58/65 → CL 96 OpG → CS 16 → CL 96

29.12.43 CL 9650 09.25 Uhr Treib-Mine+ – 01.01.44 00.00 Uhr CL 9638

17.01.44 CL 4686 Stadt und Bergwerk Eregli hell erleuchtet

7. 28 Tage / 3.221,3 sm üW – 182,7 sm uW

Konstanza 10.02.44 03.50 Uhr → – 7.03.44 10.00 Uhr ← CL 15/68 → CL 93/66 OpG → CL 96/83/73/19
05.45 Uhr Diesel unklar – nach 14 Std. Arbeit wieder klar

28.02.44 CL 9533 11.30 Uhr Treff *U 20* (Grafen) – Erfahrungsaustausch

01.03. CS 1673 14.55 Uhr von 4 U-Jägern von Küste abgedrängt

8. 25 Tage / 2.723,1 sm üW – 412 sm uW

Konstanza 10.04.44 13.48 Uhr → – 06.05.44 09.30 Uhr ← CL 54/69/96 → CS 16 OpG → CL 96 → CS 17 → CL 96

13.04.44 CL 6917 04.30 Uhr UdSSR SS i.S. / angelaufen / SS taucht

19.04. CS 1645 08.13 Uhr 3 T III auf -D ~1.000 BRT fehl

26.04. CS 1649 15.12 Uhr 2 T III auf -DT ~1.000 BRT fehl

28.04. CL 9667 16.07 Uhr Fl-Angriff (2 Wabo / weit weg)

30.04. CL 9667 14.41 Uhr Fl-Angriff (2 Wabo) 7 Fl über Tauchstelle

9. 27 Tage / 3.013,3 sm üW – 356,7 sm uW

Konstanza 06.06.44 → – 08.07.44 ← CL 66 Tuapse/Kap Idokopas

17.06.44 CL 6650 T III auf -D -500 / nach 18' T-Explosion

06.07. CL 6660 TV auf U-Jäger fehl

07.07. CL 6660 15.58 Uhr T III auf Schleppzug Treffer ~500 BRT+

10. 32 Tage / 1 Leichter+

Konstanza 25.08.44 → – 11.09.44 ←
Befehl: Bis zum Einsatzende ö Konstanza operieren

02.09.44 CL 1577 UdSSR PM BŤŠC-410 (*Vzryv*) 441 ts+

06.09. beide Sehrohre ausgefallen

08.09. 00.00 Uhr BdU-FT: »Schwarzmeer-Boote versenken!«

09.09.44 CL 46 Treff mit *U 20* (Grafen) und *U 23* (Arendt)
Vereinbarungen über das Verhalten bei und nach der Versenkung der Boote

11. 17 Tage / 1 Minensucher+

11.09.44 ± bei Zonguldak/Türkei
Die Türkei verweigerte die Übernahme der Boote
Oblt.z.S. Ohlenburg hat Steckschuß im Knie (MPi-Handhabung). Nicht transportfähig, läßt sich mit drei weiteren Offizieren internieren

11.09. Besatzungen – 2 Gruppen (2/11 und 2/21) festgenommen
Nach Verpoorten steht eine genaue Festschreibung der Koordinaten für *U 19* noch an

Kurzfassung des Kriegstagebuches von *U 20*

27.03.42 Boot a.D. Kiel/Werft – Demontage
Überführung zum Schwarzen Meer:

Galatz/Rumänien
U 20 II. i.D. 27.05.43 11.30 Uhr 30. U-Fl. Fb – 10.09.44
Kmdt.: KL C. Schöler bis 01.11.43 ASM/Stab
Galatz 02.06.43 14.30 Uhr → – 21.50 Uhr ←
Sulina 03.06.43 04.00 Uhr → – 13.10 Uhr ←
Konstanza 22.06.43 13.30 Uhr – 29.06.43 11.00 Uhr ←
CL 1528/6478/6657/6694/6827/5722/1734

26.06.43 CL 6695 05.30 Uhr UW-Angriff auf U-Jäger klappt nicht
06.55 Uhr 8 Wabo
09.00 Uhr Fl i.S. -10.42 Uhr 21 Flbo-Wabo

26.06.43 Hauptabgasventil und Lenzpumpe unklar / Rückmarsch

1. 7 Tage / 1.149 sm üW – 63 sm uW

Konstanza 11.07.43 10.15 Uhr → – 05.07.43 06.30 Uhr ←
CL 54/65 → CL 66/93 OpG → CL 65

14.07.43 CL 6658 11.25 Uhr und 13.03 Uhr Ari-Beschuß von Land ↓
13.05 Uhr 20 Wabo / Von Küste abgesetzt
Nachts unter der Küste – tags abgesetzt – kein Verkehr – Täglich mehrmals von Flugzeugen uW gedrückt und Flbos

04.08.43 CL 9348 10.40 Uhr von *U 19* (Gaude) Obstm. (krank) / Rückmarsch

Feodosia Treibölübernahme und Proviant-Ergänzung
05.07.43 18.00 Uhr → – 07.08.43 13.30 Uhr ←

2. 27 Tage / 3.039 sm üW – 370 sm uW

Konstanza 16.09.43 14.00 Uhr → – 22.09.43 18.10 Uhr ←

20.09.43 CS 1676 19.47 Uhr - 19.52 Uhr 6 TMB I und 3 TMB II vor Poti
40°12,9' – 42°13,1'N / 41°38'-41°36,9'E üW gelegt

Sewastopol Treiböl- und Torpedo-Übernahme
24.09.43 15.00 Uhr → – 12.10.43 16.19 Uhr ←

28.09. CL 9176 07.50 Uhr T II auf gestrandeten – D ~1.200 / Grdg

03.10. CL 6533 11.58 Uhr T II auf Schleppkahn fehl

05.10. CL 6289 12.51 Uhr T II auf Leichter fehl/ – 16.30 Uhr Wabos

09.10. CL 6463 05.10 Uhr ES mit *U 24* (Petersen) 16.15 Uhr Erfahrungsaustausch

3. 26 Tage / 2876 sm üW – 460 sm uW

Kmdt.: Oblt.z.S. K. Grafen
Konstanza 08.11.43 13.50 Uhr → – 10.11.43 14.40 Uhr ←
Sewastopol An der Inkermann-Ölpier Treiböl übernommen
10.11.43 17.30 Uhr → – 07.12.43 11.00 Uhr ←
CL 64 → CL 93/69/96 → OpG → CL 66/98 → CS 16 → CL 82/59/15

29.11.43 CL 9537 06.02 Uhr 2 T III auf Tanker ~1.500 BRT fehl

04.12. CL 9447 22.23 Uhr UdSSR-U-Boot i.S.
23.10 Uhr versucht es ES-Austausch / Beim Anlaufen dreht es ab und läuft AK

Sewastopol An der Inkermann-Pier Treiböl und Trinkwasser übernommen
07.12.43 20.30 Uhr → – 09.12.43 10.00 Uhr ←

4. 31 Tage / 3.662 sm üW – 319 sm uW

Konstanza 01.01.44 11.00 Uhr → – 26.01.44 11.20 Uhr ←
CL 54/64 → CL 90 → CS 10 OpG → CL 66/55/15

10.01.44 CL 9448 Ganzen Tag bis auf 800 m vor Gagry – nichts

16.01. CS 1672 16.23 Uhr 3 Ts auf -DT~1.500 BRT+
Hohe Rauchsäule und dicke Qualmwolke / üW Wabos

18.01. An der Versenkungsstelle steigen dicke Ölfladen auf

19.01.44 CS 1719 An Batum ist nicht ranzukommen – U-Jäger

5. 25 Tage / 2.292 sm üW – 438 sm uW 1 – ~1.500 BRT+

Konstanza	22.02.44 21.30 Uhr → – 01.03.44 09.05 Uhr ←
	S-Wetter, ohne Geleit aus
	CL 18/57/72/82/96 → CS 16 → CL 94/64
27.02.44	CS 1676 20.27 bis 20.37 Uhr 9 TMB II-Minen vor Poti/Hafen
	40°9,9'N / 41°38-38,8'E – üW gelegt
28.02.	CL 9533 11.30 Uhr Treff *U 9* (Klapdor) Erfahrungsaustausch
Sewastopol	Treiböl, S-Öl, Proviant und Torpedos übernommen
	02.03.44 15.25 Uhr → – 27.03.44 09.45 Uhr ←
06.03.	CL 9316 Trümmer – Rettungsboje *CK 280* gefischt
20.03.	CS 1670 Beobachtung: Russe sucht vor Poti mit Minensuchgeräten. Wrackähnliche Gegenstände liegen in Höhe der Strecke, wo *U 20* die Minen legte
25.03.	CL 73 Türkenküste kein Verkehr / LF Kerempe brennt

6. 33 Tage / 3.344,5 sm üW – 415 sm uW

Konstanza	01.04.44 16.00 Uhr → – 02.04.44 13.40 Uhr ←
Galatz/Werft	25.05.44 15.30 Uhr → – 27.05.44 05.00 Uhr Restarbeiten
Konstanza	11.06.44 13.30 Uhr → – 11.07.44 15.30 Uhr ←
	CL 18/71/82 → CL 98/CS 17 → CL 93-96
	OpG → CL 58/18
18.06.44	CL 9932 12.00 Uhr Türke *Ankara* läuft in Trapzon ein
19.06.44	CL 9932 sj -D *Pestel* (75 Mann Besatzung) 1.850 BRT+
23.06.44	CL 9447 10.58 Uhr TV auf Kanonenboot ~300 ts fehl
24.06.44	CL 9444 10.50 Uhr mit 2 cm-Waffen Küstenkutter ~15 BRT+
	340 Schuß Flak 38, 150 Schuß MG 15 und 3 Handgranaten

7. 30 Tage / 2.176 sm üW – 572 sm uW 1 ~1.580 BRT+, 1 M-Boot+

Konstanza	19.08.44 → – 10.09.44 ←
21.08.44	TV auf südwärts laufendes UdSSR-U-Boot fehl
25.08.44	Rückmarschbefehl → OpG ö Sulina CL 12
01.09.44	CL 1258 13.58 Uhr und 15.44 Uhr je ein T auf PG fehl
08.09.44	04.00 Uhr BdU-FT: »Schwarzmeer-Boote versenken!«
09.09.44	CL 46 Treff mit U 19 (Ohlenburg) und U 23 (Arendt)
	Vereinbarungen über das Verhalten bei und nach der Versenkung der Boote
8/5. 22 Tage	KTB – keine Angaben
10.09.44	± bei Karasu/Türkei
	Die Türkei verweigerte die Übernahme der Boote
	11.09.44 2 Gruppen (2/11 und 2/21) von Türken festgenommen

Einlaufen von *U 18* nach dem ersten Schwarzmeereinsatz am 9. Juni 1943 noch mit »Krähenest«.

August 1943
Umrüstung aller Schwarzmeer-U-Boote auf »Großen Wintergarten« mit einer 2 cm Flak.

Januar 1944 – Verstärkung der Flak-Waffe auf 2 cm-Zwilling (von links nach rechts: Lt z.S. Maurer (IWO), Lt (Ing.) Aufschlager und Lt. z.S. Johannsen).

Flugkörper-Schießversuche mit *U 511* 1942 vor Peenemünde und U-Booten der 30. U-Flottille 1944 im Schwarzen Meer.

Doch auch nach der Flakaufrüstung blieb die Torpedowaffe – neben sporadischen Mineneinsätzen – das Hauptangriffsmittel beim Einsatz unter der Kaukasusküste.

In jedem Fall führte jedoch ihr Verbrauch zum Abbruch der Operation.

Sie blieben – ungeachtet nachweisbarer Erfolge – hinter den Erwartungen der U-Boot-Führung zurück.

Über die Torpedoschießergebnisse sind in den Kurz-KTB dementsprechende Angaben zu finden.

Letztlich mag das auch den Ausschlag dafür gegeben haben, daß man sich bereits Ende 1943 (!) mit dem Einsatz »neuartiger Waffen« – vergl. Zusammenfassung KTB von *U 18* vom 24. November 1943 – befaßte.

Das Einrüsten und die Schießversuche mit »Werferwaffen« kamen allerdings erst im Sommer 1944 zum Tragen, zu einem Zeitpunkt, als sich durch den Verlauf des Landkrieges auch das Ende der Seekriegshandlungen abzuzeichnen begann.

Dessenungeachtet wurden *U 9*, *U 19* und *U 24* für Schießversuche mit der Absicht umgerüstet, die »Flugkörper« im Erfolgsfall aus größerer Entfernung von See aus auf die in den Stützpunkten liegenden Einheiten der sowjetischen Schwarzmeerflotte und kriegswichtige Anlagen im Küstenbereich zu starten.

In »Schiff & Zeit« (40) ist über die »Raketenschießversuche auf deutschen U-Booten im Schwarzen Meer 1944« authentisch berichtet.

Eingeleitet wurde diese waffentechnische Entwicklung durch einen ersten Versuch – siehe unteres Foto – mit *U 511* im Mai 1942 vor Peenemünde.

U 511
Vorbereitungen für den Unterwasser-Abschuß von Flugkörpern auf dem Achterdeck. Das Trägergerüst ist starr mit den Schienen der Minenwurfanlage verbunden. Deutlich zu erkennen ist der Abschußwinkel von 45 Grad.

Aufnahme durch das Sehrohr von *U 23;* Stadt und Hafen Poti.

Die Fotos zeigen drei Flugphasen eines unter Wasser gestarteten Flugkörpers nach dem Durchbrechen der Wasseroberfläche. Erster Unterwasser-Start eines 30-cm-Flugkörpers von einem auf Sehrohrtiefe stehendem U-Boot im Juli 1942 vor Peenemünde.

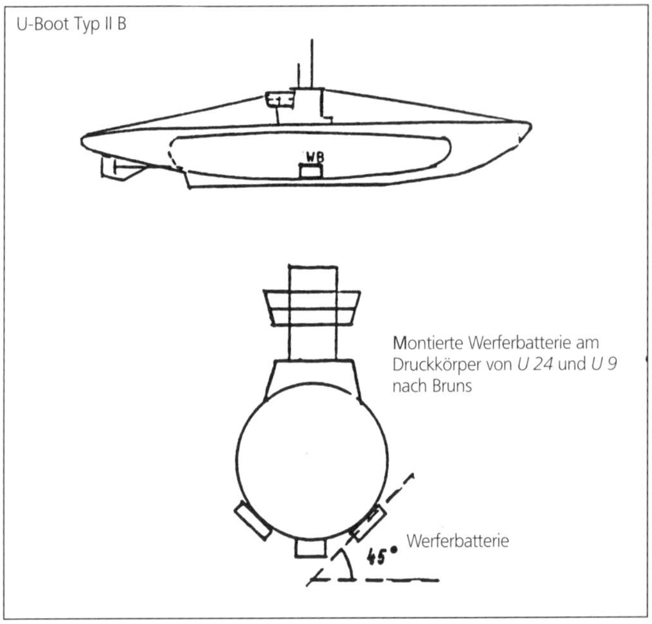

Werferbatterien am Druckkörper von *U 9* und *U 24*

Zusammentreffen zweier Schwarzmeer-U-Boote während eines Einsatzes unter der Kaukasusküste zum Austausch der Schlüsselunterlagen. Begegnung von *U 18* mit *U 9* am 1. November 1943, um 04.00 Uhr, in CL 6697.

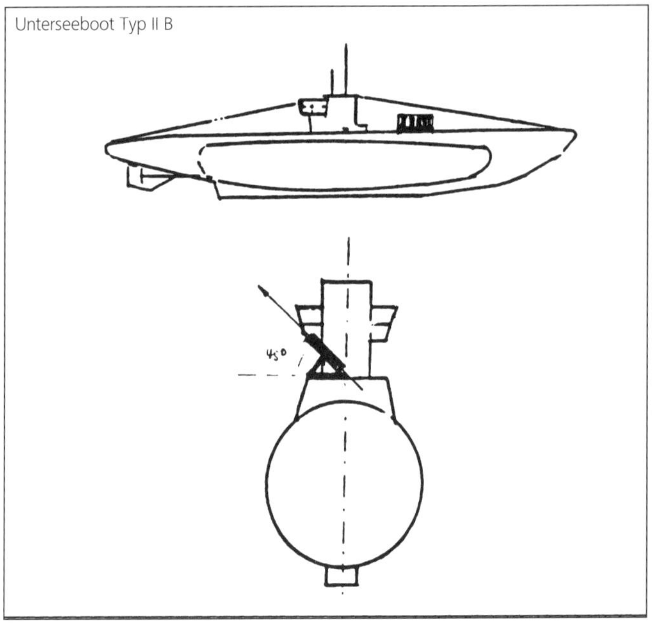

Abschußanlage auf *U 19*. Sie stand im mittleren Bereich des Vordecks – quer zur Längsachse des Bootes auf der Steuerbordseite mit Startrichtung nach Steuerbord. Sie war unmittelbar mit dem Oberdeck verschweißt.

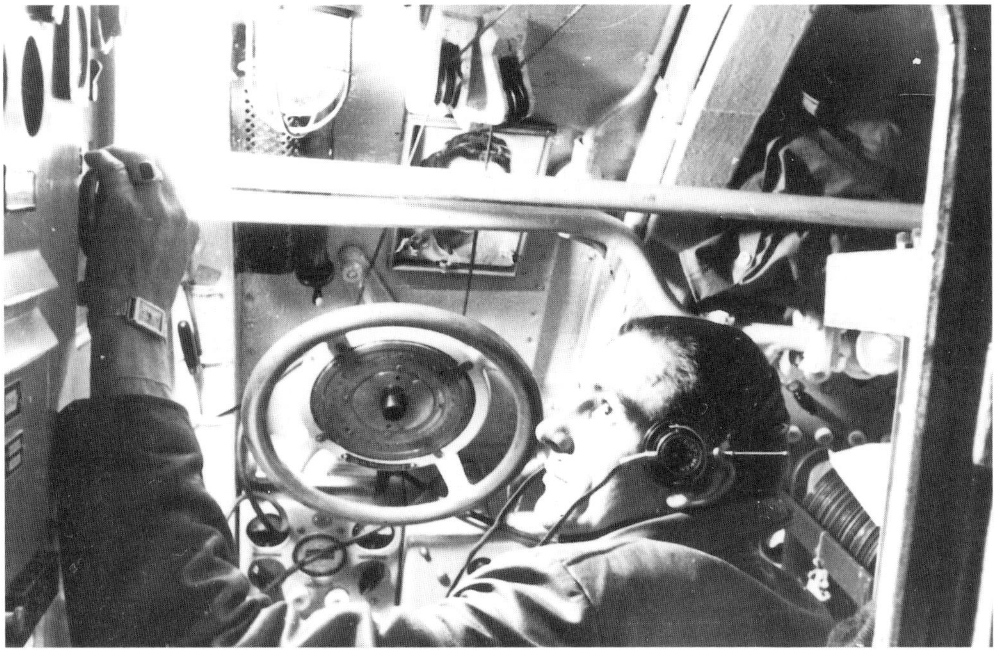

Funkraum eines U-Bootes vom Typ II B
Funker im Dienst. Bildmitte: Handrad mit Skala zur Positionsbestimmung der Funksignale. Der Funkpeilrahmen konnte mit Druckluft ausgefahren und mechanisch gedreht werden. Im Foto links oben: Empfänger zur Aufnahme und Feinabstimmung von Funksignalen.

Kurzfassung des Kriegstagebuches von *U 23*

20.05.42 Boot a.D. Kiel/Werft zur Demontage
Überführung zum Schwarzen Meer:
Galatz/Werft – Rumänien
II. i.D. 03.06.43 11.30 Uhr 30. U-Fl. Fb
Kmdt.: Oblt.z.S/KL R.-B. Wahlen bis 06.44

Galatz	05.06.43 07.30 Uhr → – 05.06.43 16.42 Uhr ← Warten auf Geleit
Sulina	07.06.43 20.02 Uhr → – 08.06.43 07.46 Uhr ←
Konstanza	27.06.43 15.40 Uhr → – 16.07.43 18.00 Uhr ← CL 1927/7267/8422/9583 → CL 96 → CS 16 OpG → CL 69/56
30.06.43	CL 9647 19.22 Uhr in 270° 7 sm UdSSR-U-Boot i.S. / taucht; bis 24.00 Uhr gesucht / nicht mehr gesehen
02.07	CS 1614 G 7e Rohrläufer 21.20 Uhr verläßt er Rohr III
07.07.	CL 9637 07.35 Uhr 2 T's auf Bewacher fehl / 10 Wabo
Sewastopol	18.07.43 14.00 Uhr-19.07.43 21.20 Uhr Treibölbunker hat eine Delle nach innen. Untersuchung

1. 22 Tage / 2.008,9 sm üW – 429,7 sm uW

Konstanza	10.08.43 14.00 Uhr → – 02.09.43 11.26 Uhr ← CL 1955/7295/8284 → CL 96-94-CS 16 OpG → CL 9361/66
16.08.43	CL 9498 04.00 Uhr – 19.00 Uhr Suchumi/Reede uW eingedrungen
21.08.	CL 9327 00.27 Uhr Treff *U 24* (Petersen) und *U 19* (Gaude)
21.08.	CL 9361 23.10 Uhr Treff *U 24* / Erfahrungsaustausch bis 23.40 Uhr
22.08.	CL 9472 03.00 Uhr Treff *U 19* / Erfahrungsaustausch bis 03.20 Uhr
24.08.	CL 9661 PR versucht Ramming / mit MG und 2-cm PR+
25.08.	CL 9668 16.08 Uhr 3 TIII auf ~D 500 fehl, (7 Wabo)
27.08.	CL 9480 02.35 Uhr mit *U 18* (Fleige) Erfahrungsaustausch
Feodosia	für weitere 5 Tage Treiböl und Bestände ergänzt
	02.09.43 19.05 Uhr → – 09.09.43 12.51 Uhr ← CL 6498 Wetterboje gesucht und 18.16 Uhr gefunden / Meldung

2. 30 Tage / 2.917,8 sm üW – 585,2 sm uW 1 Minenräumboot+

Konstanza	10.10.43 15.50 Uhr → – 31.10.43 07.48 Uhr ← CL 1945/7254/8176/8396 → CL 96-CS 16 OpG → 6926/6175
15.10.43	CL 9634 21.31 Uhr TIII auf sj -D Treffer ~2.000 BRT= -D sackte vorn tiefer – 12 Std. gesucht – nicht mehr gesehen
23.10.	CS 1678 sj Kümo (vor Anker)~1.000 BRT+
25.10.	CS 1713 07.41 Uhr mit Handgranaten Fischerboot+ (3 Mann Kgf)
Feodosia	Für weitere 7 Tage Treiböl und Bestände ergänzt

	31.10.43 16.45 Uhr → – 11.11.43 09.15 Uhr ← CL 6568 → CL 66 OpG – CL 9174/6668/6591/5647/1584
09.11.43	CL 6653 01.45 Uhr 1 EMS (Sehrohrmine) geworfen

3. 32 Tage / 2911,3 sm üW – 618,6 sm uW 1 Kümo, 1 Kutter+

Konstanza	14.12.43 22.15 Uhr → – 07.01.44 11.25 Uhr ← CL 1583/5549/6579 → CL 93-CS 16/17 OpG → CL 83/72/17
17.12.43	CL 6670 15.31 Uhr an *U 9* (Klapdor) Postbeutel übergeben
22.12.	CS 1617 12.12 Uhr T III auf Schlepper ~150 BRT fehl
24.12.	CL 9635 20.55 Uhr – 22.15 Uhr Weihnachtsfeier auf 34 m Grund
31.12.	CS 1718 24.00 Uhr / SW 3 / See 2 / diesig / Regen / 1 sm Sicht – getaucht
06.01.44	CL 7241 07.26 Uhr mit MG und 2 cm Mine abgeschossen

4. 24 Tage / 2.321,6 sm üW – 394,1 sm uW

Konstanza	07.01.44 22.10 Uhr → Galatz/Werft – 16.03.44 Konstanza ← WO U 20 Oblt.z.S. Landt-Hayen i.V.
Konstanza	30.03.44 14.10 Uhr → – 24.04.44 10.00 Uhr ← CL 5479/6479/6998 → CS 16-17-CL 99 OpG → CL 83/59/57
05.04.44	CS 1672 01.15 Uhr 2 R-Boote greifen mit MG und 4 cm an. Feuer mit 2 cm und MG erwidert / brennend 1 R-Boot+
19.04.	CS 1724 10.11 Uhr 2 TIII auf -D ~8.000 BRT fehl
22.04.	CL 5940 15.30 Uhr mit MG große Netzboje+

5. 25 Tage / 1.913,7 sm üW – 481,7 sm uW 1 Räumboot+

Konstanza	17.05.44 → – 07.06.44 ←
23.05.44	CL 9366 07.46 Uhr T III auf -D (im Schlepp) ~1.500 BRT+
29.05.44	CL 9631 12.56 Uhr sj -DT (auf Strand) ~1.800 BRT=
02.06.44	CS 1647 01.06 Uhr mit Handgranaten sj-Fischkutter ~15 BRT
03.06.44	CL 6690 21.19 Uhr TV auf UdSSR PG Treffer +

6. 21 Tage / 1 – ~1.500 BRT+ 1 Kutter+ 1 Kanonenboot+

	Kmdt.: U 18 Oblt.z.S. Arendt bis 10.09.44
Konstanza	16.08.44 → – 10.09.44
25.08.44	Rückmarschbefehl → OpG sw Sewastopol CL 55
01.09.	Konstanza/Hafen ru -D *Ardeal* 5900 BRT=+ Wrack. Vor der Hafeneinfahrt Sehrohrmine geworfen
02.09.	CL 14 22.53 Uhr TV auf U-Jäger fehl
08.09.	04.00 Uhr BdU-FT: »Schwarzmeer-Boote versenken!«
09.09.	CL 46; Treff U 19 (Ohlenburg) und U 20 (Grafen) Vereinbarungen über das Verhalten bei und nach der Versenkung der Boote

7. 25 Tage 1 – 5900 BRT+

10.09.44	± bei Agva/Türkei Die Türkei verweigerte die Übernahme der Boote
11.09.	2 Gruppen (2/11 und 2/21) von Türken festgenommen

Letzter Einsatz von U 23 vom 16.08.-10.09.1944

16. August	Auslaufen Konstanza mit R-Boot-Geleit bei sonnigem, fast windstillen Wetter. Anmarsch ins Operationsgebiet über Südweg.
17. August	Gegen 11.00 Uhr Alarmtauchen zur Übung und Tieftauchversuch. Bei A+20 muß angeblasen werden, weil Boot zu schwer und weiter sinkt. Ursache: Fehler in der Trimmrechnung. Im Anschluß: Weitermarsch nach Osten mit 7 kt. – Kurs: 118°.
17.00	Kursänderung auf 090°.
18. August	
20.00	Standort: 34° östl. Länge. Küstenabstand zur Türkei ca. 30 sm.
19. August	
00.00	Standort: 38° östl. Länge. Operationsgebiet »Otter« erreicht. Küstenabstand: 7 sm. Bei Anakrija bis auf 800 m an die Küste herangegangen. Kein Verkehr.
20. August	Beim Einsetzen der Morgendämmerung getaucht. Küstenabstand: 3 sm. Boot steht unter Wasser zwischen Anakrija und Minensperre nördlich Poti auf und ab. Kein Verkehr.
21. August	*U 23* steht über die Zeit der Helligkeit unter der Küste. Nachts über Wasser. Abstand auf Dampferroute 2 – 3 sm. Kein Verkehr.
22. August	wie Vortag
23. August	wie Vortag
24. August	Wegen Mondhelle beim Tauchen in der Morgendämmerung – Küstenabstand ca. 4 sm.
~ 06.00	weit entfernt Detonationen.
~ 06.30	Flugzeug (MBR II) – mittlere Höhe – weitab im Südwesten. Rauchwolke im Süden in Sicht.
~ 07.00	Zwei russische Zerstörer auslaufend Poti, Kurs NW. Fahrt: 20-25 kt. Abstand: 11 sm. Keine Chance zum Angriff. Für den Fall der Rückkehr der Zerstörer geht *U 23* dicht unter Land vor Hafen Poti.
~ 10.15	Kleiner U-Jäger vor der Sperrlücke.
~ 11.10	Zweiter Bewacher (K-Boot) in Sicht.
~ 11.30	Dritter Bewacher südlich der Hafenmole in Sicht.
~ 12.30	*U 23* hat eine Position 1.200 m südlich der Hafeneinfahrt erreicht. Hafenbelegung: Schlachtschiff *Parizkaja Kommuna* hat Dampf auf und wird ausgerüstet. Ein schwerer Kreuzer, Typ Kavkaz-Klasse, hat ebenfalls Dampf auf.
~ 17.00	Sowjetische MBR II im Süden in Sicht. Bald darauf sowjetisches U-Boot (200 BRT) mit Kurs auf Poti. Angriff von *U 23* muß unmittelbar vor Torpedoschuß abgebrochen werden, weil gegnerisches U-Boot in Schlangenlinien fährt. Boot läuft bei einbrechender Dunkelheit getaucht unter der Küste zur Batterieladung nach Süden ab.
21.50	FT von Flottillenchef – Mit Höchstfahrt nach Konstanza. Rumänien hat kapituliert. Kurs: 270° – Beide Diesel 2 x Große Fahrt.
25. August	Mit hoher Fahrt kämpft sich das Boot durch stürmische See westwärts.
26. August	
~ 12.00	FT: Konstanza nicht anlaufen! Neues Operationsgebiet bei Sewastopol. Kursänderung auf 346° – sparsamste Marschfahrt. Nachfolgende FT's bringen Kenntnis zur Lage. *U 20* (Oblt.z.S. Grafen) mußte kurz vor Konstanza in neues Operationsgebiet vor der Donaumündung ausweichen. *U 19* (Oblt.z.S. Ohlenburg) am 25. August abends trotz Beschädigungen nach Luftangriff noch ausgelaufen. Operationsgebiet südlich Konstanza.

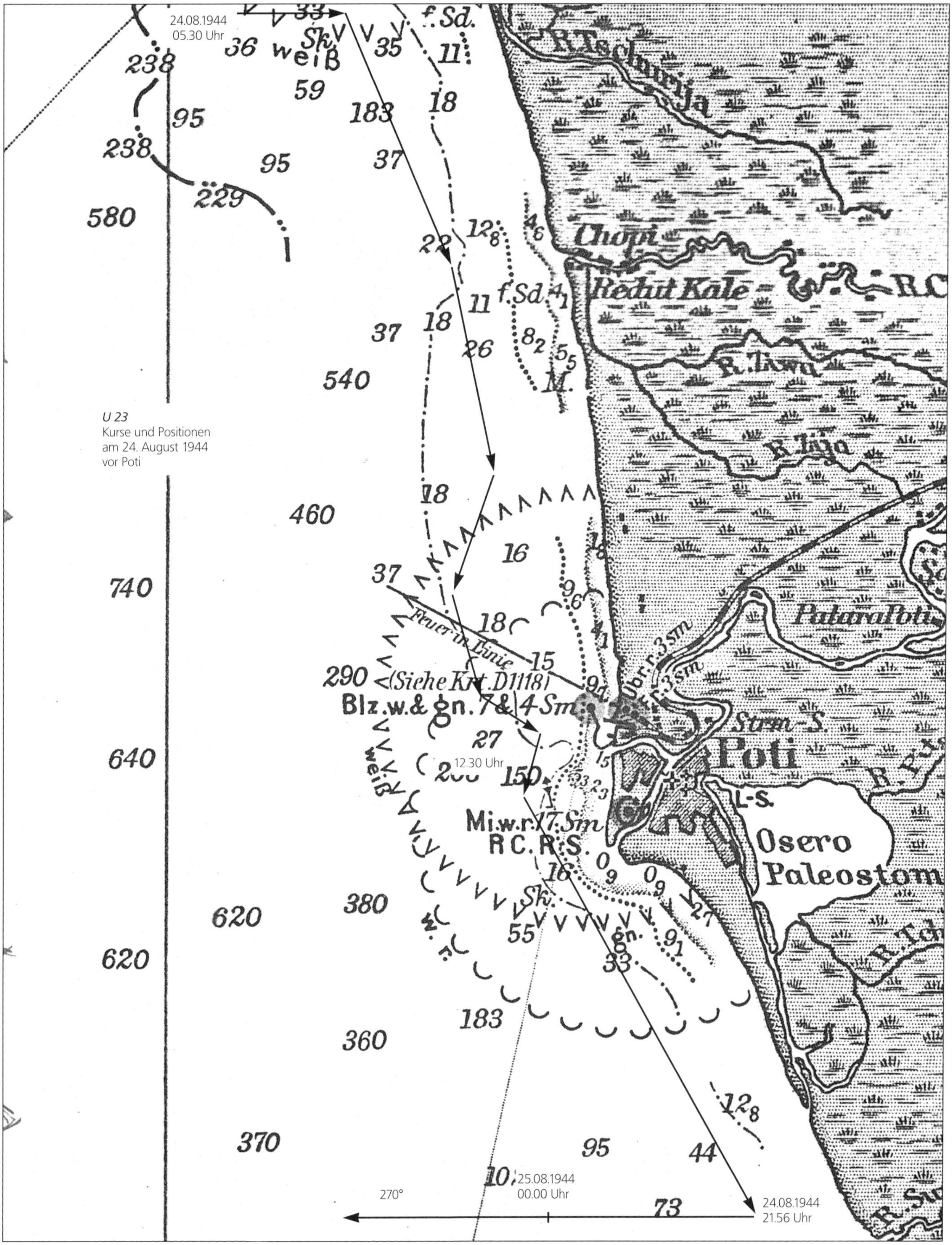

U 23
Kurse und Positionen
am 24. August 1944
vor Poti

	U 18	(Oblt.z.S. Fleige) und *U 24* (Oblt.z.S. Lenzmann) durch Bombentreffer schwer beschädigt. Beide Boote im Seegebiet vor Konstanza selbstversenkt.
	U 9	(Oblt.z.S. Klapdor) nach Bombentreffer beim Luftangriff am 20. August im U-Stützpunkt gesunken.
		Russische Panzer stehen ab 25. August, mittags, 25 km nördlich von Konstanza.

27. August
- 00.00 Schwerer Sturm verzögert das Erreichen der Krim
- 04.00 Wetterberuhigung
- ~ 08.00 Standort Nähe Ansteuerung Sewastopol. Getaucht in ca. 7 sm Küstenabstand.
- ~ 16.00 *U 23* steht unter Wasser etwa 800 m vor der Hafeneinfahrt von Sewastopol. Keine auffällige Hafenbelegung – geringe Bewachertätigkeit. Bei Dunkelheit nach Westen bis an den Rand der Minenfelder abgesetzt und zur Batterieladung aufgetaucht.

28. August Mit einsetzender Morgendämmerung getaucht und erneuter Aufklärungsvorstoß auf Sewastopol.
- 09.00 Standort: 800 m vor der Hafeneinfahrt. Keine Schiffe zu sehen. Viele Flugzeuge in der Luft. Später Flakschießübungen auf Schleppscheibe. Schutenverkehr zur Schuttverklappung.
- 16.00 Boot läuft Richtung Süden auf Küstenweg ab. Begegnung mit fünf Sewastopol anlaufenden sowjetischen K-Booten. Sonst kein Verkehr.
- ~ 19.00 5 sm südlich der Krim angeblasen und zur Batterieladung aufgetaucht.
- ~ 21.00 Aus Funksprüchen ergibt sich folgende Lage:
  25. August: Führerbefehl: Konstanza halten bis zum letzten Mann. Führung ASM.

25. August abends: Konstanza kampflos geräumt. Alle fahrbereiten deutschen Schiffe und Boote haben nach Varna verlegt.
- ASM richtet sich in Batterie Tirpitz zur Verteidigung ein.
- U-Führung vorläufig durch Gruppe Süd in Sofia. Flottillenchef übernimmt Führung nach Eintreffen dort.

26. August Konstanza von Russen besetzt.

29. August Da keine anderen Befehle vorliegen, erneuter Aufklärungsvorstoß auf Sewastopol beabsichtigt.
- ~ 07.20 FT auf Längstwelle – Neues Operationsgebiet: Konstanza.
- ~ 09.00 Aufgetaucht und mit sparsamster Marschfahrt Richtung Konstanza abgelaufen.
  Eingehende Funksprüche:
  - Schußerlaubnis gegen alle rumänischen und russischen Fahrzeuge.
  - Geplanter Angriff durch deutsche R- und S-Boote auf Konstanza fällt aus.
  - *U 23* – Angriff auf Reede Konstanza freigegeben.
  - Bulgarien kapituliert.
  - Oblt.z.S. Ohlenburg übernimmt einstweilen Führung der drei U-Boote.
  - Ansonsten direkte Unterstellung beim BdU.

30. August
- vormittags Tauchen bei CS 3, *U 23* geht durch Sperrlücke.
- 18.00 Boot steht 1 sm vor Hafen von Konstanza.
- 19.30 Boot setzt sich auf 3 sm ab. Aufgetaucht zur Batterieladung.

31. August Bei Beginn der Morgendämmerung vor Mamaia getaucht.
- mittags Strand »Modern« querab. Lebhafter Flugverkehr von und nach Mamaia.
- nachmittags Carol-Leuchtturm 1.500 m querab. Wassertiefe 15 m und weniger. Einblick in den Hafen. An der Nordpier wie gewohnt, rumänische Zerstörer der Regina-Maria-Klasse (1.600 BRT) und ein Handelsschiff vom Typ *Ardeal* (5.900 BRT).
- 18.20 Boot bei 10,5 m Wassertiefe auf Grund gelegt – 1.200 m südlich der Hafeneinfahrt. Küste: 600 m Bb querab.
- 19.00 Von Norden kommend laufen drei sowjetische K-Boote ein. Hafenschlepper öffnet dazu Netzsperre.
- 19.14-22.40 TV aus Rohr II umgeladen in Reservelagerung. T III nachgeladen.
- 23.00 Uhr Alle Mann zur Ruhe bis auf Grundwache.

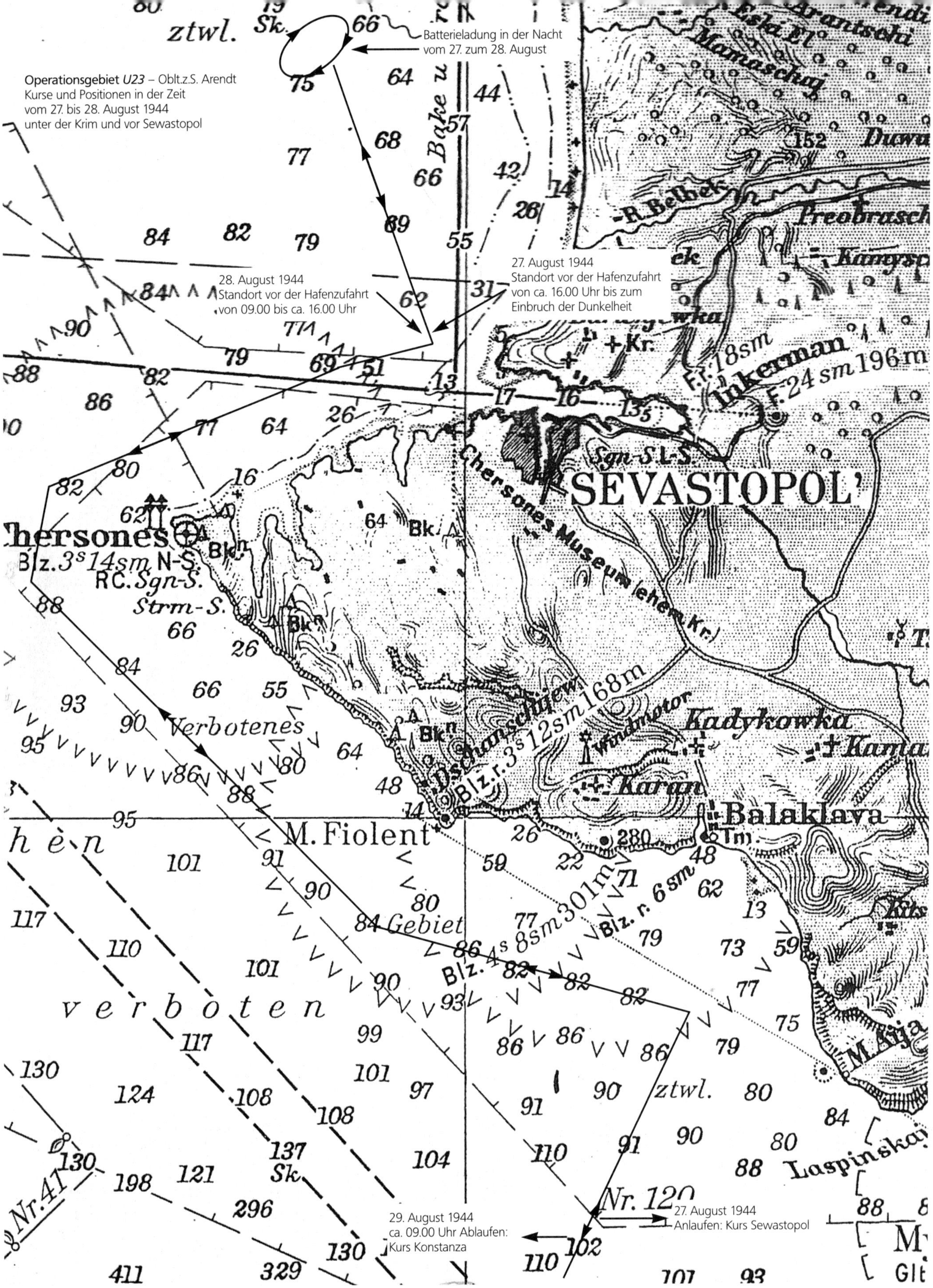

Operationsgebiet *U23* – Oblt.z.S. Arendt
Kurse und Positionen in der Zeit
vom 27. bis 28. August 1944
unter der Krim und vor Sewastopol

Die Aufnahme ermöglicht einen Überblick über die Zufahrt vom Meer Richtung Hafen und Stadt. Die von gebirgigem Gelände umschlossene Festungs- und Hafenstadt am Schwarzen Meer galt zu allen Zeiten mit ihren natürlichen Festungswerken als uneinnehmbar.

Krimsteilküste südwestlich von Sewastopol.

1. September	
02.00	Monduntergang (Vollmond).
02.05	Auftauchen – »Auf Gefechtsstationen!« Steuern Richtung Netzsperre. Sie ist offen.
02.30	Drei T III auf Zerstörer und Handelsschiff an der Nordpier. Boot zum Flachwasserschuß 2° achterlastig getrimmt. Alle Torpedos laufen einwandfrei. Drei Detonationen an den Liegeplätzen der beiden Ziele. Torpedokurse 354 – 352° – Laufzeit: 1:46 min – E-1.600 m – Tiefe 3, MZ ein.
04.00	Mit sicherem Abgangsort bei Tuzla-Leuchtturm durch eigene Sperre nach See zu abgesetzt.
07.00	Abgabe des FS vom Angriff auf den Hafen von Konstanza vor dem Tauchen zum Nachladen von Torpedos.
nachmittags	Antwort auf Erfolgsmeldung: »Aufgabe gut gelöst« – Gruppe Süd. Treffen mit *U 19* weit in See. Trotz erheblicher Beschädigungen am Boot ist die Stimmung der Besatzung gut.
2. September	
04.00	Boot steht getaucht am Südrand des Operationsgebietes.
~ 08.00	Detonationen – weit entfernt.
~ 12.00	Erneute Begegnung mit *U 19* bei Außenansteuerung von Konstanza. *U 19* hat morgens aus einem Verband von fünf sowjetischen Minensuchern, die nach Konstanza einliefen, eines der Boote versenkt.
nachmittags	Ein – vermutlich – S-Boot in großer Entfernung.
nachts	*U 23* steht innerhalb der Sperren auf und ab. Kein Verkehr.
3. September	
abends	*U 20*, *U 19* und *U 23* treffen sich zur vereinbarten Kommandantenbesprechung auf offener See (43°45'N/29°45'E).
4. September	
vormittags	Weit abgesetzt in See werden Brennstoff- und Proviantbestände der drei Boote ausgeglichen. Festsetzung des Abmarschtages – 8. September – zur Türkenküste.
nachts	Von unbekanntem Fahrzeug bei der Sperrlücke angemorst. Über Wasser abgelaufen. Unbekanntes Fahrzeug nimmt Verfolgung auf. Vermutlich russisches K-Boot. Auf 2.000 m TV geschossen; fehl! Gegner entpuppt sich später als rumänisches KFK-Boot-U-Jäger – S-Gerät! Gegner kann auf sehr flachem Wasser nur mühsam abgeschüttelt werden.
5. September	FT-Befehl vom BdU: »Nach Aufbrauch der Kampfkraft – Boote vor Türkenküste versenken. Besatzungen in kleine Gruppen aufteilen und versuchen, deutsches Besatzungsgebiet zu erreichen!«
6. September	Vorbereitungen an Bord des jeweiligen Bootes für Marsch durch die Türkei. Keine besonderen Vorkommnisse.
7. September	
morgens	Getaucht durch die Sperre zur Aufklärung »Angriff Konstanza!«
~ 18.30	Boot steht 1 sm vor dem Hafen. Zerstörer fehlt an der Nordpier. Hafenbewachung durch sowjetisches K-Boot.
8. September	
06.00	Eintreffen der Boote am vereinbarten Sammelplatz.
07.00	Gemeinsames Ablaufen mit *U 20* und *U 19* in Richtung Türkei.
nachmittags	Eingang FT 08/0553/ x 14 – x 15 - Meine braven U-Boots-Leute im Schwarzen Meer. Anderthalb Jahre hat ihr tapfer und zäh mit den kleinen U-Booten gekämpft und die bestmöglichen Erfolge in euren Operationsgebieten erzielt. Ich habe euren Kampf immer und besonders in der letzten Zeit aufmerksam verfolgt und mich über eure Leistungen und die dabei gezeigte soldatische Haltung gefreut.

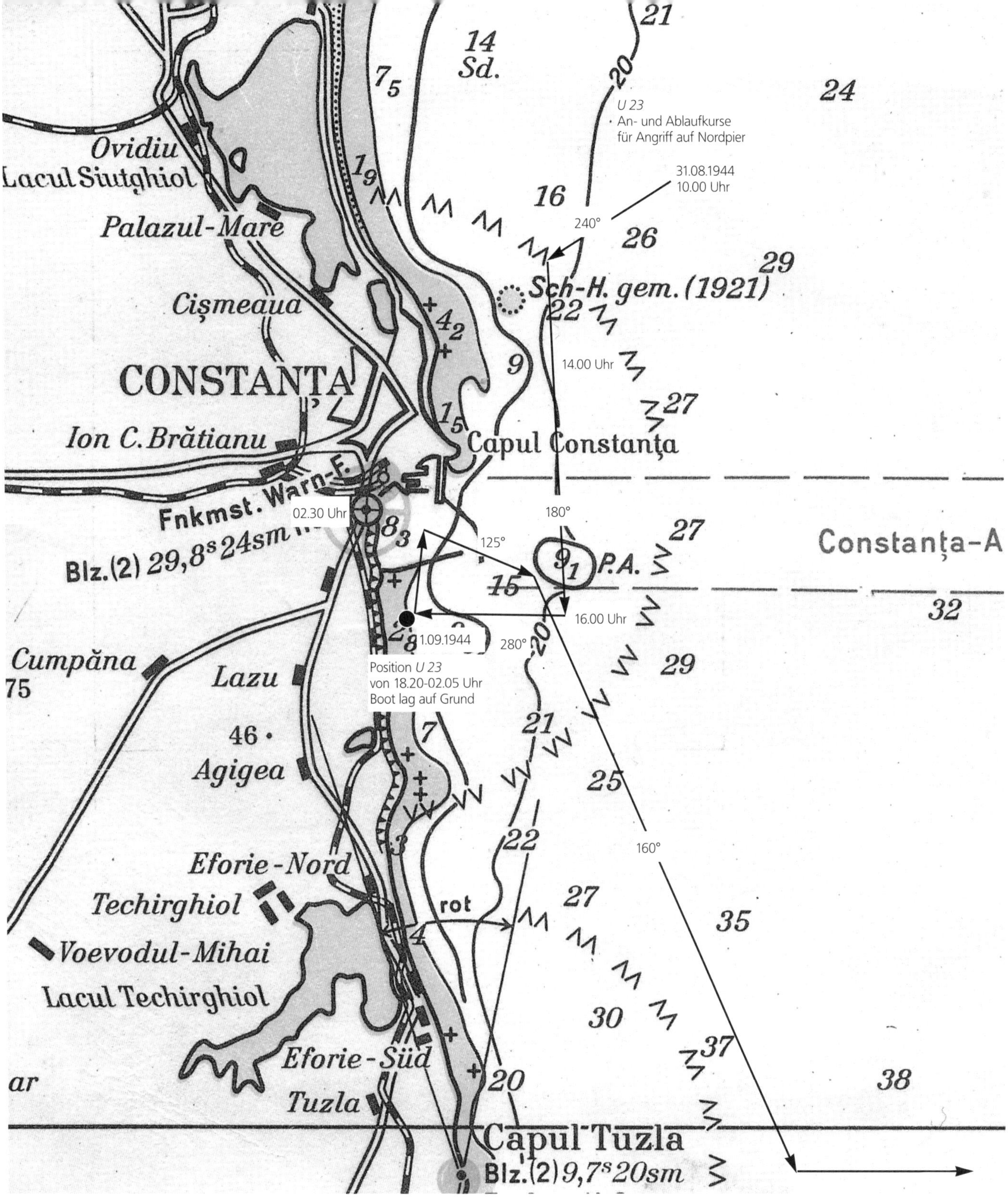

U 23 – Kommandant Oblt.z.S. Arendt

7. Einsatz 16. August bis 10. September 1944 (25 Tage)

25. August 1944	Rückmarschbefehl – OpG sw Sewastopol CL 55
1. September 1944	Konstanza – Hafen – Angriff auf rumänischen Dampfer *Ardeal* (5.900 BRT) und rumänischen Zerstörer. Nach dem Ablaufen Seerohrmine vor der Hafenzufahrt geworfen.
2. September 1944	CL 14 22.53 Uhr TV auf U-Jäger fehl.
8. September 1944	4.00 Uhr BdU-FT: »Schwarzmeer-U-Boote versenken!«
9. September 1944	CL 46 – Treff mit *U 19* (Ohlenburg) und *U 20* (Grafen). Vereinbarungen über das Verhalten bei und nach der Versenkung der U-Boote.

Ausschnittvergrößerung einer alliierten Luftaufnahme vom Mai 1944.
Nachtangriff von *U 23* (Oblt.z.S. Arendt) am 1. September 1944, um 2.30 Uhr, mit drei T III durch die offene Netzsperre auf rumänischen Dampfer *Ardeal* und rumänischen Zerstörer an der Nordpier.
Entfernung: 1.650 m.
Torpedokurse: 354° – 352°, Tiefe: 3 m.
Laufzeit: 1:46 min.
Treffer: Heck rumänischer Zerstörer (1), Heck *Ardeal* (2)
Anmerkung 1: Die Torpedokurse entsprechen den Angaben von Oblt.z.S. Arendt, *U 23;*
Anmerkung 2: Nicht eingenordet, daher Ungenauigkeit möglich. Der Maßstab ist geschätzt.

Nun ist der Kampf zu Ende.
So wie ich es erwartet habe, habt ihr bis zum Aufbrauch der letzten Kampfmittel am Feind gestanden. Ich danke euch für euren letzten tapferen Einsatz. Eure Aufgabe ist nun, nach Versenkung der Boote, euch selbst für Deutschland zu erhalten. Wenn es euch nicht gelingen sollte, nach Deutschland zu gelangen, dann seit sicher, daß ihr von mir und der gesamten U-Boot-Waffe nicht vergessen seid.
Euer ObdM und BdU.

im Anschluß	Vernichtung der Geheimunterlagen durch Verbrennen auf dem Achterdeck. Nur FT-Schlüsselmittel noch klar. Lt.z.S. Verpoorten, Kommandantenschüler auf *U 23*, steigt auf *U 19* über. Kommandant von *U 19* (Oblt.z.S. Ohlenburg) hat sich durch MP-Abpraller am Knie verletzt.
9. September	
18.00	*U 23* und *U 20* gehen bei *U 19* längsseits (41°36'N/30°24'E). Letzte Kommandantenbesprechung und Festlegung der Landeplätze. *U 19* mit allen Kranken in der Nähe von Eregli, *U 20* in der Nähe von Karasü, *U 23* in der Nähe von Agva.
20.00	Ablegen der Boote und Ablaufen in Richtung Landeplätze.
23.00	*U 23* – in ca. 5 sm Küstenabstand – Freigabe des Oberdecks für Schwimmer. Per FT Besatzungsliste an BdU.
10. September	
Morgendämmerung	*U 23* taucht auf der Suche nach geeigneter Landestelle dicht unter Land.
18.00	Geeignete Bucht ausgemacht. Boot wird 400 m davor auf Grund gelegt und beginnt mit den Vorbereitungen für die Ausschiffung und Versenkung. Besatzung wird in fünf Gruppen zu je fünf Mann aufgeteilt. Die Führung der Gruppen liegt bei einem Portepee-Unteroffizier bzw. Offizier. Kommandant bleibt bei LI-Gruppe – Sprengkommando.
19.20	Auftauchen – Zur Ausschiffung der Besatzung wird Boot vorgeflutet auf Strand gesetzt.
21.20	Boot von Grund gelöst und mit Nordkurs in Richtung Versenkungsposition abgelaufen. Sprengpatronen werden angeschlagen; Torpedozelle, Sehrohrschacht, Munitionslast im Heck.
22.10	Zeitzünder lösen die Sprengung aus, und *U 23* sinkt schnell über den Achtersteven. Wassertiefe ca. 70 m. Küstenabstand ca. 3 sm.
23.45	Sprengkommando erreicht Landestelle.
24.00	Abmarsch der letzten Gruppe ins Landesinnere.

Anmerkung des Verfassers: Alle Angaben vom Verlauf und den damit verbundenen Ereignissen zur letzten Feindfahrt von *U 23* sind dem damaligen Kommandanten des Bootes, Oblt.z.S. Arendt, zu verdanken. Er hat sie während seiner Internierungszeit in der Türkei nachvollzogen und damit einen bedeutenden Beitrag zur Geschichte des U-Boot-Krieges im Schwarzen Meer geleistet. Er schließt eine maritime Dokumentationslücke, die durch fehlende KTB – sie sind in den zu Ende gehenden Tagen des Seekrieges im Schwarzen Meer nicht mehr nach Deutschland gelangt – nicht mehr zu belegen gewesen wäre.
Abschließend schreibt er in der Zusammenfassung seiner Aufzeichnungen dazu: »daß der Ablauf der Ereignisse als Ersatz für das unmittelbar vor der Selbstversenkung vernichtete Kriegstagebuch von *U 23* gewertet werden kann«.

U 23 – 10. September 1944
Nach der Selbstversenkung ihres Bootes ging die Besatzung in der Nähe von Agva unter der türkischen Küste mit der Absicht an Land, sich nach Deutschland durchzuschlagen.
Aufnahme vom September 1994.

Kurzfassung des Kriegstagebuches von *U 24*

WO *U 96* Oblt.z.S. H. Rodler von Roithberg
05.42 *U 1*
Boot a.D. Kiel/Werft zur Demontage

Überführung zum Schwarzen Meer:
Galatz/Werft – Rumänien

II. i.D. 14.10.42 – 30. U-Fl. Fb – 25.08.44
Kmdt.: KL K. Petersen bis 09.11.42 – 30. U-Fl. ZV

Galatz	15.10.42 07.00 Uhr → – 19.00 Uhr ← im Schlepp des *S. Georgiu*
Sulina	16.10.42 11.30 Uhr → – 22.33 Uhr mit eigener Kraft nach Konstanza ←
Konstanza	27.10.42 13.45 Uhr → – 09.11.42 11.34 Uhr ← CL 1997/7367/8681 → CL 96 OpG → CL 8423/7113/1574
30.10.42	CL 8184 16.30 Uhr Rauchwolke i.S. rw 150° Kriegsschiff?
	Auf Anfrage FT: Warnungsloser Waffeneinsatz innerhalb von 10-sm-Streifen türkische Küste gegen nicht einwandfrei als feindlich erkannte Handelsschiffe verboten
01.11.	CL 9661 03.08 Uhr und 03.35 Uhr T auf UdSSR U-Boot fehl
05.11.	CL 9695 19.18 Uhr G 7e, 21.37 Uhr G 7a auf -DT ~2.100 und
06.11.	00.38 Uhr G 7e / 1. unterlaufen, 2. Pi-Versager, 3. fehl
06.11.	01.14 Uhr – DT mit MG beschossen, -DT schießt zurück und dreht auf das Boot zu 01.28 Uhr getaucht

1. 13 Tage / ~1.720 sm üW – 61,6 sm uW

Kmdt.: Oblt.z.S. C. Schöler bis 15.04.43

Konstanza	24.11.42 13.30 Uhr → – 16.12.42 11.10 Uhr ← CL 1994/7258/8591 → CL 98-96 OpG → CL 8683/7386/1485
29.11.42	CL 9869 12.15 Uhr von Land / Türkei Ari-Beschuß / getaucht
30.11.	CL 9836 06.52 Uhr G 7e auf UdSSR Zerstörer fehl
02.12.	CL 9690 07.00 Uhr-14.45 Uhr von UdSSR-U-Jäger verfolgt

2. 22 Tage / 2.350 sm üW – 206,8 sm uW

Konstanza	18.01.43 13.45 Uhr → – 08.02.43 13.47 Uhr ← CL 5716/6724 → CL 93-65 OpG → CL 65/6171
30.01.43	CL 9363 09.28 Uhr G 7e auf Netzleger fehl/ Obfl.-Läufer
30.01.	CL 9363 10.35 Uhr G 7e auf Dampfer ~1.500 BRT fehl
07.02.	CL 6538 16.00 Uhr mit *U 19* (Gaude) Erfahrungsaustausch
Sewastopol	Treiböl-, Proviant- und Trinkwasser-Übernahme
	09.02.43 07.10 Uhr → – 18.02.43 11.10 Uhr ← CL 6421/6935 → CL 93 OpG → CL 69/67/19/1459
13.02.43	CL 9396 11.40 Uhr 2 G 7e auf UdSSR DD fehl / Versager
15.02.	mehrere Kranke an Bord (Fieber/Erbrechen) – Abbruch

3. 31 Tage / ~4.000 sm üW – 292 sm uW

Konstanza	14.03.43 13.45 Uhr → – 03.04.43 15.30 Uhr ← CL 1997/7293/8358 → CL 93 OpG → CL 5615
17.03.43	CL 8248 02.04 Uhr UdSSR SS i.S. – läuft an und taucht weg
22.02.	CL 9370 18.51 Uhr Stiller Alarm rw 280° U-Boot. *U 19* ?
31.03.	CL 9447 sj –MT *Sovietskaya Neft* 8228 BRT+
	KAdSM: Luftbildaufnahmen gaben keine Bestätigung der Versenkung; am 14.05. wurden in Batum 6 und in Suchum 1 Tanker festgestellt. Damit wurden die bisher 7 bekannten Tanker im Schwarzmeer erfaßt
Feodosia	Treiböl- und Proviant-Übernahme für 7 Tage
	10.04.43 12.30 Uhr → – 15.04.43 09.30 Uhr ← CL 6434-6658/83/6822-1697-1459

4. 32 Tage / 3.280 sm üW – 367 sm uW 1 – 8.228 BRT+

Konstanza	Galatz/Werft – Überholung
Konstanza	05.06.43 13.30 Uhr → – 20.06.43 17.15 Uhr ← CL 1677/55/65 → CL 66-93-94 OpG → CL 65/56/54
10.06.43	CL 6627 Mesib-Mündung: G 7e auf Kümos am Steg fehl
11.06.	CL 6643 18.42 Uhr Anlauf auf U-Boot / war Holzwrack
13.06.	CL 9328 17.25 Uhr-17.29 Uhr Fl-Angriff / getaucht 9 Flbo
	17.47 Uhr – 20.05 Uhr 28 Wabo / keine Schäden
15.06.43	CL 9624 14.19 Uhr UdSSR PM *Zaščitnik*? 411 ts+
17.06.	CL 9624 06.20 Uhr U-Boot i.S. / Annahme *U 20* – ist UdSSR SS

Kmdt.: »So ein Ärger, eine wunderbare Angriffschance verpaßt!«

19.06.	CL 9627 22.42 Uhr UdSSR SS gibt 2mal ES ...–... bis 02.02 Uhr gegenseitig ausgedampft / G 7a geht fehl
25.06.	CL 6698 18.45 Uhr von U-Jägern Ari-Beschuß / 12 Wabo
Feodosia	Treiböl-Ergänzung / Berichterstattung beim ASM 27.06.43 18.42 Uhr → – 29.06.43 10.15 Uhr ←

5. 24 Tage / 2.727,3 sm üW – 283,9 sm uW 1 Minensucher+

Konstanza	26.07.43 14.10 Uhr → – 17.08.43 09.35 Uhr ← CL 1998/7392/8359 → CL 96-94 OpG → CS 16 → CL 69/64
30.07.43	CL 9497 sj -MT *Emba* (auf Reede vor Anker) 7886 BRT+
04.08.	CL 9627 13.15 Uhr – 17.57 Uhr Fl-Angriffe/ ca. 30 Fl-Wabo
11.08.	CL 9497 10.10 Uhr von U-Jäger gesichtet / A-Tauchen 21 Wabo / diverse Ausfälle und Stb-GHG unklar
Feodosia	Öl-, Proviant-, Kalipatronen- und Sauerstoff-Ergänzung 18.08.43 19.03 Uhr → – 23.08.43 06.10 Uhr ←
21.08.	CL 9327 00.27 Uhr Treff *U 19* (Gaude) und *U 23* (Wahlen) Erfahrungsaustausch und Festlegen der Positionen
22.08.	CL 9447 01.24 Uhr 2 cm und MG-Feuer auf UdSSR Schleppzug 01.37 Uhr Schlepper+, 1. Fahrzeug brennt, beim 2. längs gegangen und 2 Sprengpatronen angebracht – versenkt; 1. in Schlepp genommen 03.31 Uhr+ Verschossen: 426 2 cm PzSpr, 580 MG, 10 Handgranaten, 4 Sprengkörper; 6 Mann der Besatzung (Kgf) an Bord genommen
Feodosia	Abgabe der Kgf (4 von den 6 sind verwundet) 23.08.43 18.27 Uhr → – 25.08.43 09.30 Uhr ←

6. 30 Tage / 2.688 sm üW – 385 sm uW 1 – 7.886 BRT+, 1 Schlepper+, 2 LCI

Konstanza	30.09.43 13.45 Uhr → – 18.10.43 11.34 Uhr ← CL 1921/5912/6687 → CL 91-94 OpG → CL 65/55
07.10.43	CL 9176 09.39 Uhr 2 TIII auf Küfa ~ 700 BRT fehl
09.10.	CL 6563 05.07 Uhr ES-Austausch mit *U 20* (Schöler)
15.10.	CL 9489 11.24 Uhr-11.52 Uhr 3 TIII auf Küfa ~ 800 BRT fehl Kmdt.: »Das ist sehr bitter!«
16.10.	CL 9631 03.54 Uhr 1 EMS (Sehrohrmine) geworfen
Sewastopol	Diesel-Reparatur, Zusatzausrüstung und T-Übernahme 20.10.43 08.37 Uhr → – 04.11.43 15.15 Uhr ← CL 6533 → CL 93-94 OpG → CL 5931/5475/1723 →
23.10.	CL 9472 01.16 Uhr-DT angelaufen / von – DT MG-Beschuß /getaucht 01.29 Uhr 1 Wabo / L-Schäden
24.10.	CL 9473 20.42 Uhr – 21.17 Uhr 47 Wabo / Schäden
31.10.	CL 9447 16.37 Uhr TII auf UdSSR- PR ~ 100 ts+
01.11.	CL 9539 01.50 Uhr 3 TIII auf -DT ~ 7000 BRT fehl

7. 36 Tage / 3187,9 sm üW – 482,7 sm uW 1 Räumboot+

Konstanza	15.01.44 13.00 Uhr → – 10.02.44 9.30 Uhr ← CL 19/73/8559 → CL 98-CS 17 OpG → CL 85/73/19
23.01.44	CS 1717 06.05 Uhr von Land Beschuß (2 Salven) / getaucht Täglich mehrmals von Fl unter Wasser gedrückt
30.10.	CL 8311 Suche nach havarierten UdSSR SS erfolglos

8. 26 Tage / 2.924,4 sm üW – 300,5 sm uW

Konstanza	04.03.44 12.50 Uhr → – 02.04.44 10.05 Uhr ← CL 1668/6448/6687 → CL 90-CS 16-17 OpG → CL 69/59/19
08.03.44	CL 9444 10.30 Uhr 2 TIII auf Küfa ~ 800 BRT fehl
10.03.	CS 1638 24.00 Uhr UdSSR SS verfolgt – zu nahe an Küste
22.03.	CL 9187 20.46 Uhr – 320 Schuß der 2 cm auf Eisenbahnzug! 21.03 Uhr Bewacher drängt Boot von der Küste ab
26.03.	CL 9187 19.37 Uhr – 130 Schuß der 2 cm auf Personenzug

9. 29 Tage / 2.202,4 sm üW – 524,4 sm uW

	Kmdt.: *U 24*, Oblt.d.R. M. Landt-Hayen 06.44 *U 4705*
Konstanza	02.05.44 14.00 Uhr → – 30.05.44 08.19 Uhr ← CL 1982/5969/6955 → CL 93-96-CS 16 OpG → CL 82/57

09.05.44	CS 1673 15.25 Uhr TIII auf -D ~1.500 (im Schlepp) fehl
12.05.	CS 1678 23.23 Uhr UdSSR PC ~200 ts+
27.05.	CS 1649 05.37 Uhr Zwilling MG-Feuer auf UdSSR-PC= brennt Gegner feuert zurück (3 Verletzte) 10.30 Uhr Obgfr. Wölbitsch verstorben 20.14 Uhr der See übergeben CL 9552 42°34,5'N / 39°34'E

<u>10. 28 Tage / 1.792,4 sm üW – 573,9 sm uW 1 Bewacher+</u>

Kmdt.:	*U 24* Oblt.d.R. D. Lenzmann bis 25.08.44
Konstanza	13.07.44 → – 04.08.44 ←
21.07.44	CL 93 Torpedo auf Segler fehl

<u>11. 22 Tage / CL 60-90 Trapzon/Sotschi</u>

20.08.44	Konstanza/Stützpunkt Fl-Angriff / Total-Schaden
25.08.	19.00 Uhr vom LI und II WO vor Konstanza gesprengt 1945 gehoben

25. August 1944
U 19 verließ als letztes Boot der 30. U-Flottille nach der Kriegserklärung Rumäniens an Deutschland den Hafen. Trotz erheblicher Beschädigungen des Bootes beim Luftangriff sowjetischer Flugzeuge auf Stadt und Hafen am 20. August konnte *U 19* noch in See gehen, um gemeinsam mit *U 20* – Oblt.z.S. Grafen – und *U 23* – Oblt.z.S. Arendt – bis zum Ende der Seekriegshandlungen im Schwarzen Meer zu operieren.
Bildmitte: Oblt.z.S. Ohlenburg – Rechts: Lt.(Ing.) Arlt, Leitender Ingenieur. Der Aufnahmezeitpunkt dieses Fotos ist nicht identisch mit dem Auslauftag vom 25. August 1944.

Suchumi-Reede
Luftaufnahme eines deutschen Aufklärers.
Der durch eine Seemine am 12. Februar 1943 beschädigte sowjetische Tanker *Emba* (7.886 BRT) wurde von *U 24* (Oblt.z.S. Petersen) am 30. Juli 1943, um 18.46 Uhr, erneut mit zwei T III angegriffen, getroffen und brach durch.
Durch das Anschleppen eines Schwimmdocks (Foto) kann davon ausgegangen werden, daß der aufliegende Tanker – noch vor dem Angriff von *U 24* – eingeschleppt werden sollte. Die Detailangaben sind der vorliegenden Kurzfassung des Kriegstagebuches entnommen.

Kommandant von *U 24*, Kptlt. Petersen
Sechster Einsatz vom 26. Juli bis 17. August 1943. Artilleriegefecht gegen ein sowjetisches Schleppgeleit. Siehe KTB-Auszug – Kurzfassung *U 24* – vom 22. August 1943. Im Verlauf des Gefechtes wurde das Geleit versenkt und sechs Mann der Besatzungen als Kriegsgefangene an Bord genommen. Sie wurden am 22. August 1943 in Feodosia (Krim) einer deutschen Landdienststelle übergeben.

Kptlt. Petersen mit seinem Leitenden Ingenieur, Oblt.(Ing.) Arlt, und einem weiteren Besatzungsmitglied im Hintergrund.

Stabsobermaschinist Jönnson, *U 24*, bei der Treibstoffübernahme per Hand mit einem sowjetischen Gefangenen in Feodosia.

Auf dem Marsch ins Operationsgebiet.
Beim Überwassermarsch ins Operationsgebiet hing die Sicherheit des Bootes von seiner Brückenwache ab. Die geringste Nachlässigkeit der Männer im Bereich ihrer zugewiesenen Sektoren zur See und in der Luft konnte das Ende eines U-Bootes bedeuten.

Unter Wasser lag die ganze Last der Verantwortung beim Kommandanten oder seinen Wachoffizieren. Die Fahrt unter Wasser auf Sehrohrtiefe verlangte auch vom Leitenden Ingenieur – besonders bei Seegang – technische Perfektion. Fehlerhaftes Tiefensteuern führte zum Unterschneiden des Sehrohres – oder zum Herausbrechen des Bootes und seiner Vernichtung durch den Gegner.

U 18 auf Tauchstation.

Harte Arbeit für das Torpedopersonal –
Eine der wichtigsten, schwierigsten und zeitaufwendigsten Arbeiten während eines Feindeinsatzes war das Warten oder Nachladen der Torpedos auf einem U-Boot vom Typ II. Aus Platzgründen mußte für die Dauer dieser Arbeit der gesamte Bugraum geräumt werden. Die dort untergebrachten Freiwächter waren vorübergehend ihrer Kojen beraubt. Fast ausnahmslos wurden diese Arbeiten unter Wasser vorgenommen. Die Enge des Raumes und der geringe Bewegungsspielraum für die Torpedomixer wird durch die Fotos besonders hervorgehoben. Mit großer Sorgfalt und Schnelligkeit galt es, die Aufgaben zu bewältigen – letztlich hing davon der Erfolg eines am Feind stehenden U-Bootes ab.

Konstanza – U-Stützpunkt – 1944

U 19, *U 20* und *U 23* verlassen den Stützpunkt. Zum Zeitpunkt der Beendigung der Seekriegshandlungen im Schwarzen Meer standen die Boote im Einsatz. Nach Aufbrauch aller Kampfmittel versenkten die Besatzungen mittels Zeitzünder die Boote vor der türkischen Küste. Die Besatzungen wurden interniert.
Auf dem Foto: *U 19* (Oblt.z.S. Ohlenburg)

Admiral Brinkmann (ASM) verabschiedet *U 20* (Oblt.z.S. Grafen) zum letzten Einsatz.

Die Offiziere von *U 23* v. l.: Lt. (Ing) Schneider, Oblt.z.S. Arendt, Lt.z.S. Theuring, I WO.

Die Versenkungserfolge der 30. U-Flottille im Schwarzen Meer – November 1942 bis September 1944

Black Sea

1	2	3	4	5	6	7	8	9	10	11	12	13	14	15
July 1941														
27.	ru	*DELFINUL*	Costachescu			+T		27.	sj	-D	*Lenin*	2713 +	44°20'n/33°49'e	1a
November 1941														
05. 0845	ru	*DELFINUL*	Costachescu	S Yalta	-D	12000 + T		06.	sj	-D	*Ural*	1975 +	4 sm S Krim coast	
June 1942														
15. 1226	it	*C.B.3*	Sorrentino	CL 5832	SS	+ T		.					43°40'n/33°48'e	1b
18. 0503	it	*C.B.3*	Russo	CL 5546	SS	587 + T		.	sj	SS	(*SC-208*?)	568	44°17'n/33°13'e	1b
November 1942														
05. 2137	dt	*U 24*	Petersen	CL 9695	-DT	2100 =? TA		.					42°08'n/41°05'e	2
February 1943														
14.	dt	*U 19*	Gaude	CL 69	-D	: 4000 + T	unknown	14.	sj	-D	*Kransy Profintern*	4648 +	SW Tuapse	
March 1943														
23. 1303	dt	*U 19*	Gaude	CL 9445	-DP	2000 = T	unknown	.					Gagry Bay	3
31. 1230	dt	*U 24*	Schöler	CL 9447	-T	: 7000 = T		31.	sj	-MT	*Sovietskaja Neft*	8228 +	Gagry Bay	
.								31. 1350	sj	-DT	*Kreml'*	7661 =	Poti Kabuleti	
May 1943														
05.	dt	*U 9*	Schmidt-Weichert	CL 9628	-T	7000 =? T		05.	sj	-DT	Kreml'	7666 §	22 sm S Cape Pizunda	4

Remarks:

1a) From 1941, June until 1942, May only the Rumanian U-boat *Delfinul* was in the Black Sea. Four patrols up to November, and a fifth patrol in May.
1b) There is no Sovhe sinking of two submarines by Italian midgets. The only acknowledged losses ware *SC-214* sunk on June 19th by the Italian *MTB MAS-571* and *S-32* sunk by bombs from a German a/c on June 26th. But there is a possibility that *SC-208* was sunk by *C.B.2* on June 18th.
2) *U 24* heard one torpedo hit but not explode (dud).
3) *U 19* observed one hit aft.
4) *U 9* heard one detonation after 10:00 min, probably at the end of the run.

Black Sea

1	2	3	4	5	6	7	8	9	10	11	12	13	14	15
June 1943														
15.	dt	*U 24*	Petersen	CL	PG	+ T		15. 1545	sj	PM	T-411/No.26 *Zascitnik*	441 +	20 sm W Suchumi	1
23.	dt	*U 18*	Fleige	CL 9179	-D	2000 + T		.	sj	-D	(*Leningrad* ?)	1783	43°50'n/39°15'e	2
23.	dt	*U 18*	Fleige	CL 91	-T	1000 = T		23.	sj	-DT	*Stalin*	- - - –	near Suchumi	3
28.	dt	*U 18*	Fleige	CL 9473	-Bg	800 = T		.					Cape Pizunda	4
June 1943														
17.	dt	*U 18*	Fleige	CL 9329	-D	2000 + T		19.	sj	-D	*Vorosilov*	3908 +	Suchumi Reede	5
30.	dt	*U 24*	Petersen	CL 96	-T	7000 + Tf		30.	sj	-MT	*Emba*	7886 +	Suchumi Reede	6
August 1943														
22.	dt	*U 24*	Petersen	CL 94	-Dt	10 + A		.					SW Gagry Bay	7
22.	dt	*U 24*	Petersen	CL 94	LC	9 + S		22. 0232	sj	Mbt	*DB-36*	9 +	SW Gagry Bay	7
22.	dt	*U 24*	Petersen	CL 94	LC	9 + S		22. 0232	sj	Mbt	*DB-37*	9 +	SW Gagry Bay	7
24.	dt	*U 23*	Wahlen	CL 8227	PC	+ A?		24. 2130	sj	PR	*KATSC-578*	35 +	22 sm S Suchumi	8
											Hydraul. Skval			
26.	it	*CB.4*	Sibille	CL 5164	SS	586 + T		.	sj	SS	(*SC-203* ?)	586 +	S Tarchankut	
29. 2158	dt	*U 18*	Fleige	CL 9665	APC	800 + T		29.	sj	APM	*TSC-11 Dzalita*	400 +	42°30'n/40°48'e	9
30. 1943	dt	*U 18*	Fleige	CL 9660	PC	= A		30. 2055	sj	PC	*SKA-0132*	. . . =	42°43's/41°19'e	10
September 1943														
18. 0540	dt	*U 18*	Fleige	CL 6637	-D	800 + T		.					20 sm NW Tuapse	11
.						M		29. 1400	sj	-Bg	*Dunaj 2*	1150 +	46°56'n/58°37'e	12
30.	dt	*U 20*	Schöler	CL 7516	-Bg	800 + T		.					near Anapa	13

Remarks:

1) *U 24* observed one hit on an escort vessel after a run time of 1:30 min, which broke in two and sank. Soviet sources admit the loss of one minesweeper in 1943, very probably the *Zascitnik*.
2) *U 18* reported one hit after 2:20 min. The ship sank.
3) *U 18* reported one hit but could not observe the result.
4) *U 18* reported a barge damaged.
5) *U 18* reported one freighter sunk.
6) *U 24* hit a damaged tanker, lying at the quay, which sank.
7) *U 24* reported a small tug and two small landing boats sunk by gunfire and demolition charges. Soviet sources admit two motorboats lost in 1943.
8) *U 23* reported one patroller sunk. Soviet sources admit the loss of two minesweeping boats in 1943 (see Cot 31st, 1943). – The *Hydraul. Shkral* was probably sunk by gunfire.
9) *U 18* reported a Q-ship with snare sunk.
10) *U 18* hit an ASW-vessel with 20-mm gunfire.
11) *U 18* reported one freighter sunk.
12) Soviet sources reported a hit by mine.
13) *U 20* reported one loaded supply vessel sunk.

Black Sea

1	2	3	4	5	6	7	8	9	10	11	12	13	14	15
October 1943														
12. 1625	dt	*U 9*	Klapdor	CL	DD	= T		.					near Yalta	
15. 2131	dt	*U 23*	Wahlen	CL 96	-D	2000 = T		15. 2330	sj	ADM	*TSC-486 Sovietskaja Rossija*	... =	42°47'n/41°06'e	1
													near Poti	
17.	dt	*U 23*	Wahlen	CL 96		T		.	sj	-D	(*Achilleon*)	?		
23.	dt	*U 23*	Wahlen	CL 96	-D	1000 + T		23. (?)	sj	-D	*Sovietskaja Rossija*	... +	42°22'n/41°35e	2
. (?)	dt	*U 23*	Wahlen	CL 96	-Df	+ A		23. 0242	sj	-M	*Tanais*	372 +	20 sm NW Poti	3
29. 2130	dt	*U 9*	Klapdor	CL 9312	-T	3000 +? T		.					NW Soshi	4
31. 0150	dt	*U 24*	Petersen	CL 9470	PC	+ T		31. 1839	sj	PR	*SKA-088*	56 +	60 kbl. S Gagra	5
November 1943														
08. 1116	dt	*U 18*	Fleige	CS 1743	-T	2000 + T		.						6
18. 1715	dt	*U 18*	Fleige	CL 9179	-D	1500 + T		18. 1916	sj	-DT	*Josif Stalin*	7745 =	Lazarevskoje	7
.								29.	sj	-DT	*Peredovik*	1846 =	Nejzveshny	
January 1944														
01. (?)	dt	*U 23*	Wahlen	CL 96	-D	1500 + T		.						8
05. (?)	dt	*U 23*	Wahlen	CL 96	-T	2000 + T		.						8
16. 1635	dt	*U 20*	Grafen	CS 1672	-T	1500 +? T		16. 1835	sj	-DT	*Vajjan Kutjurve*	7602 =	42°21'n/41°31'e	9
February 1944														
17.	dt	*U 18*	Fleige	CS 1743	-D	1500 + T		17. 0608	sj	-DT	(*Vajjan Kutjurve* ?)	7602 +	Batumi Harbor	10

Remarks:

1) *U 23* reported one freighter torpedoed and probably sunk.
2) *U 24* reported one coaster sunk.
3) *U 23* reported one fishing vessel sunk.
4) *U 9* reported one tanker probably sunk.
5) *U 24* reported one hit on a patroller or minesweeping boat after a run time of 00.24 min – 40 sm. WzN Suchumi. Soviet sources admit two minesweeping boats were lost in tZ1943 (see Aug. 24th, 1943). – *SKA-088* is a patroller of the MO-class.
6) *U 18* reported one tanker sunk.
7) *U 18* reported one steamer sunk – 10 sm. S Tuapse.
8) *U 23* reported one steamer and one tanker sunk during early January.
9) *U 20* reported one tanker probably sunk. – The Soviet S/T Vajan Kutjurve was reported being damaged, but sank only few hours later on Jan. 17th, 1944 at 06.08 a.m. at position 42°21'n/41°43'e.
10) U 18 fired through the opened net-barrage into the harbour and observed one steamer in sinking condition. Other hits on vessels or the quay probable.

Black Sea

1	2	3	4	5	6	7	8	9	10	11	12	13	14	15
April 1944														
05.	dt	*U 23*	Wahlen	CS 1748	PR	+ TA		05. 0210	sj	PC	*SKA-099*	56 =	42°15′n/41°30′e	1
.								07. 1515	sj	-Bg	*Rion V 187.4*	... +	42°11′n/41°38′e	
24.	dt	*U 18*	Fleige	CL 6650	-Dt	500 + T		.					22 sm SE Gelendzik	2
24.	dt	*U 18*	Fleige	CL 6650	-Bg	600 +? T		.						2
24.	dt	*U 18*	Fleige	CL 6650	-Bg	600 = T		.						2
May 1944														
05.	dt	*U 9*	Petersen	CL 91	-Df	50 + A		.					near Tuapse	3
11. 1630	dt	*U 9*	Petersen	CL 9176	TB	700 + T′	unknown	11. 1730	sj	PF	*Storm*	... =	43°50′n/39°26′e	4
12. abds	dt	*U 24*	Landt-Hayen	CL 1670	PC	200 + T	unknown	13. 0030	sj	PC	*SKA-0376*	56 +	41°58′n/41°27′e	5
15. (?)	dt	*U 24*	Landt-Hayen	CL 1740	PC	50 + T		.					near Batumi	5
17. mitt	dt	*U 9*	Petersen	CL 6620	-T	= T	unknown	.					18 sm SE Gelendzik	6
23. vorm	dt	*U 23*	Wahlen	CL 9366	-D	1500 +? T	unknown	.					8 sm Adler	7
25. vorm	dt	*U 9*	Petersen	CL 9170	PC	= T		.					S Tuapse	8
27. früh	dt	*U 24*	Landt-Hayen	CL 1640	PC	= A		.					N Poti	9
29. 1256	dt	*U 23*	Wahlen	CL 9631	-T	Tf		29. 1358	sj	-DT	*Smelyj*	... +	42°51′n/41°03′e	10
31. 0828	dt	*U 18*	Arendt	CL 6627	-Dt	300 + T		.					12 sm SE Gelendzik	11
June 1944														
01. 1434	dt	*U 18*	Arendt	CL 6651	PG	200 + T′		.					14 sm NW Tupse	12
02. 1006	dt	*U 23*	Wahlen	CL 1647	-Df	+ S		.					13 sm NNW Poti	13

Remarks:
1) *U 23* reported one minesweeping boat sunk by gunfire.
2) *U 18* fired a 3-torpedo-spread against a tug convoy. Three detonations occurred. One tug sank, one barge was damaged, with more possibility.
3) *U 9* reported a small fishing vessel sunk by 20-mm gunfire.
4) *U 9* fired a gnat and observed a large detonation after 2:32 min in a convoy with one minesweeper, one torpedo boat and one tanker. A hit on the T-boat assumed. Heavy oil smell the next day. (...) Possibly T-boat *Storm* was damaged.
5) *U 24* reported two patrollers sunk.
6) *U 9* observed one torpedo hit after 0:46 min at the bow.
7) *U 23* heard hits on a tug convoy and one freighter, which was not observed later again.
8) *U 9* heard a detonation after 11:30 min (probably end-of-run detonation).
9) *U 24* set a beached patroller on fire with 20-mm gunfire.
10) *U 23* hit a beached tanker with one torpedo.
11) *U 18* reported one tug sunk.
12) *U 18* heard a gnat detonation after a run time of 5:45 min on a gunboat.
13) *U 23* sank a small fishing vessel with hand grenades. Three prisoners were taken back.

1	2	3	4	5	6	7	8	9	10	11	12	13	14	15
June 1944, cont.														
03. 2119	dt	*U 23*	Wahlen	CL 6690	PG	+ T'		.					NNW Tuapse	1
19. 2028	dt	*U 20*	Grafen	CL 9932	-D	: 2000 + T		19. 2133	sj	-D	*Pestel*	1850 +	41°03'n/39°42'e	
													8 sm NE Trapezunt	
24.	dt	*U 20*	Grafen	CL 9470	Mbt	15 + A		24. 1150	sj	LC	*DB-26*	9 +	43°17'n/40°44'e	2
24.	dt	*U 20*	Grafen	CL 9470	Mbt	15 + A		.					13 sm SSE Adler	2
24.	dt	*U 20*	Grafen	CL 9470	Mbt	15 + A		.					13 sm SSE Adler	2
24.	dt	*U 20*	Grafen	CL 9470	Mbt	15 + A		.					13 sm SSE Adler	2
27.	dt	*U 19*	Ohlenburg	CL 6660	-Dt	+? T		27. 1700	sj	-Bg	*Barza No. 75*	. . . +	NW Tuapse	3
August 1944														
02.	dt	*U 18*	Fleige	CS 1648	APC	= T		.					10 sm NW Poti	4
02.	dt	*U 18*	Fleige	CS 1648	-D	1500 = T		.					10 sm NW Poti	4
11.	dt	*U 18*	Fleige	CS 1640	-D	1500 + T	unknown	.					10 sm NW Poti	5
13.	dt	*U 18*	Fleige	CS 1716	PG	+ T		.					20 sm S Poti	6
September 1944														
01. 0230	dt	*U 23*	Arendt		DD	? T		01.	ru	-D	*Ardeal*	5900 §	Constanza Harbour	7
02. 0522	dt	*U 19*	Ohlenburg	CL 1577	PM	441 + T		02. 0622	sj	PM	*Vzryv BTSC-410*	441 +	43°51'n/29°12'e	
													near Constanza	

Remarks:

1) U 23 reported a motor gunboat sunk.
2) U 20 reported four small motor boats of 15 GRT sunk.
3) U 19 reported one unit in a tug convoy sunk.
4) U 18 reported two hits, each on a patroller and a freighter.
5) U 19 reported one freighter sunk.
6) U 18 reported one motor gunboat sunk.
7) U 23 fired three torpedoes into Constanza harbour and reported two detonations after a run time of 1:43 min near the berth of the Rumanian DD *Regele Ferdinand* and one detonation near a steamer of 6.000 GRT. In reality only SS *Ardeal*, which had been already damaged, was hit. It became a total loss. The second torpedo only damaged the quay.

Prof. Dr. Rohwer, 4/96
Überprüfte Angaben zu den Versenkungserfolgen von U-Booten der 30. U-Flottille im Schwarzen Meer.

Das Ende des U-Boot-Krieges und der Verbleib der Boote

***U 9* –**	**20. August 1944** –	Totalverlust nach Bombentreffer beim Luftangriff sowjetischer Flugzeuge auf dem U-Stützpunkt Konstanza. Koordinaten: 44° 10 'N / 28° 41 'E[2]
	22. Oktober 1944 –	Bergung des U-Bootes durch den Havariedienst der sowjetischen Schwarzmeer-Flotte.
	Ende März 1945 –	Verlegung des Bootes zur Reparatur ins Dock mit anschließender Überführung in die Werft nach Nikolaev.
	19. April 1945 –	*U 9* wird als TC-16 in den Bestand der sowjetischen Schwarzmeer-Flotte aufgenommen und im Oktober des gleichen Jahres nach Sewastopol verlegt und einer U-Boot-Lehrdivision zugeführt. Wegen der Untauglichkeit des Bootes für Kampfeinsätze entschied der Seekriegsstab am **25. November 1945** seine Ausgliederung aus dem Verband und die Abwrackung. In den Nachforschungen um das *U 9* konnte deutscherseits auch der Verbleib des Traditionswappen „Eisernes Kreuz" geklärt werden.

Aufnahme des gesunkenen *U 9*.
Das Fehlen des ausfahrbaren Funkpeilers – Führungsstutzen Steuerbordseite vor dem Turm – und der 2-cm-Zwillingsflak auf der »Wintergartenplattform« lassen auf eine Demontage nach der Versenkung des Bootes schließen. Im achteren Deck der Turmverkleidung Steuerbord ragt der »Blindstutzen« des FuMB-Gerätes heraus. Nach nur kurzem Einsatz wurde das Gerät von allen sechs Booten wieder entfernt.
Zu den Beschädigungen des *U 9* erklärte mir am 15. Oktober 1991 auf Befragen der damalige leitende Ingenieur von *U 9*, Lt.(Ing.) Fischer, daß das Vorschiff durch einen schweren Treffer zerstört worden war: »Ich selbst bin nach dem Angriff mit dem Tauchretter bis zum Bugraumzugang gelangt und habe, gemessen am Lichteinfall, schwere Zerstörungen am Druckkörper festgestellt«. Er fügte hinzu, »daß die beabsichtigte Sprengung des gesunkenen Bootes durch massive rumänische Proteste unterblieben wäre«.

U 9 nach seiner Anfang 1945 durch den Havariedienst der sowjetischen Schwarzmeerflotte erfolgten Hebung im Dock von Konstanza.
Das Boot wurde zum Wiederaufbau in die Werft von Nikolaev überführt. Wegen irreparabler Schäden wurde es später zum Abwracken freigegeben. Entgegen anders lautender Meldungen befand sich das Traditionswappen »Eisernes Kreuz« noch an der Turmverkleidung.

Konstanza – Hafen – März 1945

U 9 nach seiner zweiten Bergung im Schwimmdock. Das Foto zeigt die Backbordseite in Richtung Bug.

Neben dem schweren Treffer im Bugbereich des Bootes sind weitere Schäden an der Turmverkleidung und am Wintergarten festzustellen.

Demontiert ist der druckfeste Behälter mit der 2 cm Fla-Waffe vor dem Turm und die 2 cm Zwillingsflak auf der Wintergartenplattform. Auch der bei *U 9* außerhalb der Turmverkleidung zu fahrende Funkpeilrahmen fehlt bereits. Noch vorhanden ist das Traditionswappen »Eisernes Kreuz« am Turm. (Bild oben)

U 9 nach dem Ausdocken und vermutlich vor seiner Überführung an der Pier im Hafen von Konstanza. Das Foto zeigt die Heckseite des Bootes mit dem durch die Treffer schwer beschädigten Turmteil mit der »Wintergartenplattform« und die Zerstörungen im achteren Oberdecksbereich in Höhe des Montageluks für Diesel und E-Maschinen.

Die Recherchen um *U 9* haben auch zu einem Wiederauffinden des **Traditionswappen »Eisernes Kreuz«** geführt. Es befindet sich im Marine-Museum der Schwarzmeer-Flotte in Sewastopol.

Das sowjetische U-Boot *M-120* vom Typ Malyjutka-Klasse eröffnete am 26. Mai 1947 das Feuer auf ***U 18.***
Im Hintergrund das dt. U-Boot.

U 18* und *U 24 wurden beim Luftangriff sowjetischer Flugzeuge auf dem U-Stützpunkt Konstanza schwer beschädigt und waren nicht mehr einsatzfähig.
Mit der befehlsgemäßen Räumung des Stützpunktes am **25. August 1944** erfolgte ihre Selbstversenkung im Seegebiet von Konstanza.
Ende 1944 erfolgte die Bergung von *U 18* durch den Havariedienst der sowjetischen Schwarzmeer-Flotte und seine Überführung nach Sewastopol.
U 24 wurde im **Frühjahr 1945** gehoben und ebenfalls zur Wiederherstellung nach Sewastopol überführt. Ohne Bezeichnung erfolgte nach längerer Aufliegezeit seine Aufnahme in den Schiffsbestand der Schwarzmeer-Flotte. Nach dem Scheitern einer Wiederherstellung erfolgt die Zerstörung des Bootes.
Beide U-Boote wurden am **26. Mai 1947** vom sowjetischen U-Boot *M-120* auf Position 44° 20 'N / 33° 20 'E[2] im Tiefwasser des Schwarzen Meeres, südwestlich von Sewastopol, versenkt.
Die Selbstversenkungspositionen von *U 18* und *U 24* vom 25. August 1944 waren bislang nicht zu ermitteln.

U 24 wird als letztes Boot der 30. U-Flottille am gleichen Tag vom sowjetischen U-Boot *M-120* durch einen Torpedo auch im Seegebiet vor Sewastopol versenkt.

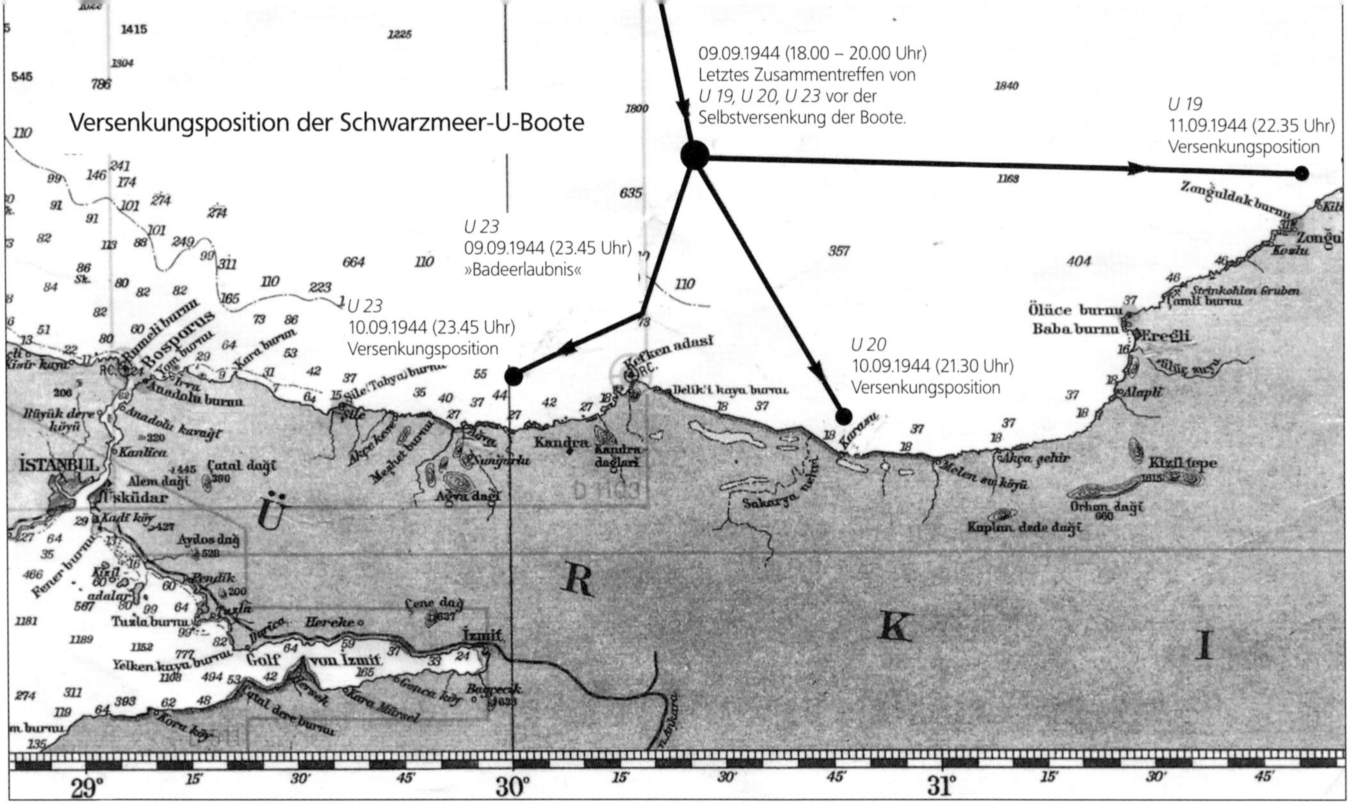

U 9 – 20. August 1944 – Totalverlust nach Luftangriff auf U-Stützpunkt Konstanza
Versenkungskoordinaten: 44° 10 ʻN / 28° 41 ʻE[2]

U 18 – 26. Mai 1947 – Versenkung durch sowj. U-Boot *M-120* südlich Sewastopol
Versenkungskoordinaten: 44° 20 ʻN / 33° 20 ʻE[2]

U 19 – 11. Sept. 1944 – Selbstversenkung im türk. Küstenvorfeld bei Zonguldak
Versenkungskoordinaten: 41° 34 ʻN / 31° 50 ʻE[3]

U 20 – 10. Sept. 1944 – Selbstversenkung im türk. Küstenvorfeld bei Karasu
Versenkungskoordinaten: 41° 10 ʻN / 30° 47 ʻE[3]

U 23 – 10. Sept. 1944 – Selbstversenkung im türk. Küstenvorfeld bei Agva
Versenkungskoordinaten: 41° 11 ʻN / 30° 00 ʻE[3]

U 24 – 26. Mai 1947 – Versenkung durch sowj. U-Boot *M-120* südlich Sewastopol
Versenkungskoordinaten: 44° 20 ʻN / 33° 20 ʻE[2]

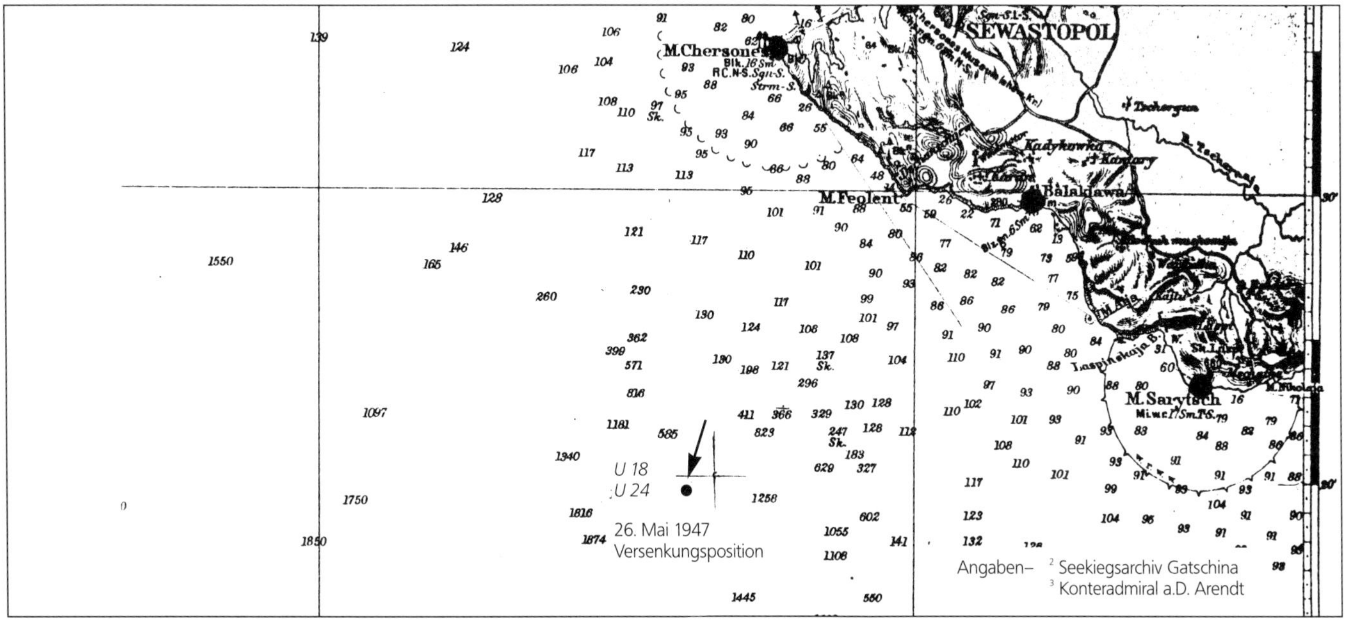

Angaben– [2] Seekiegsarchiv Gatschina
[3] Konteradmiral a.D. Arendt

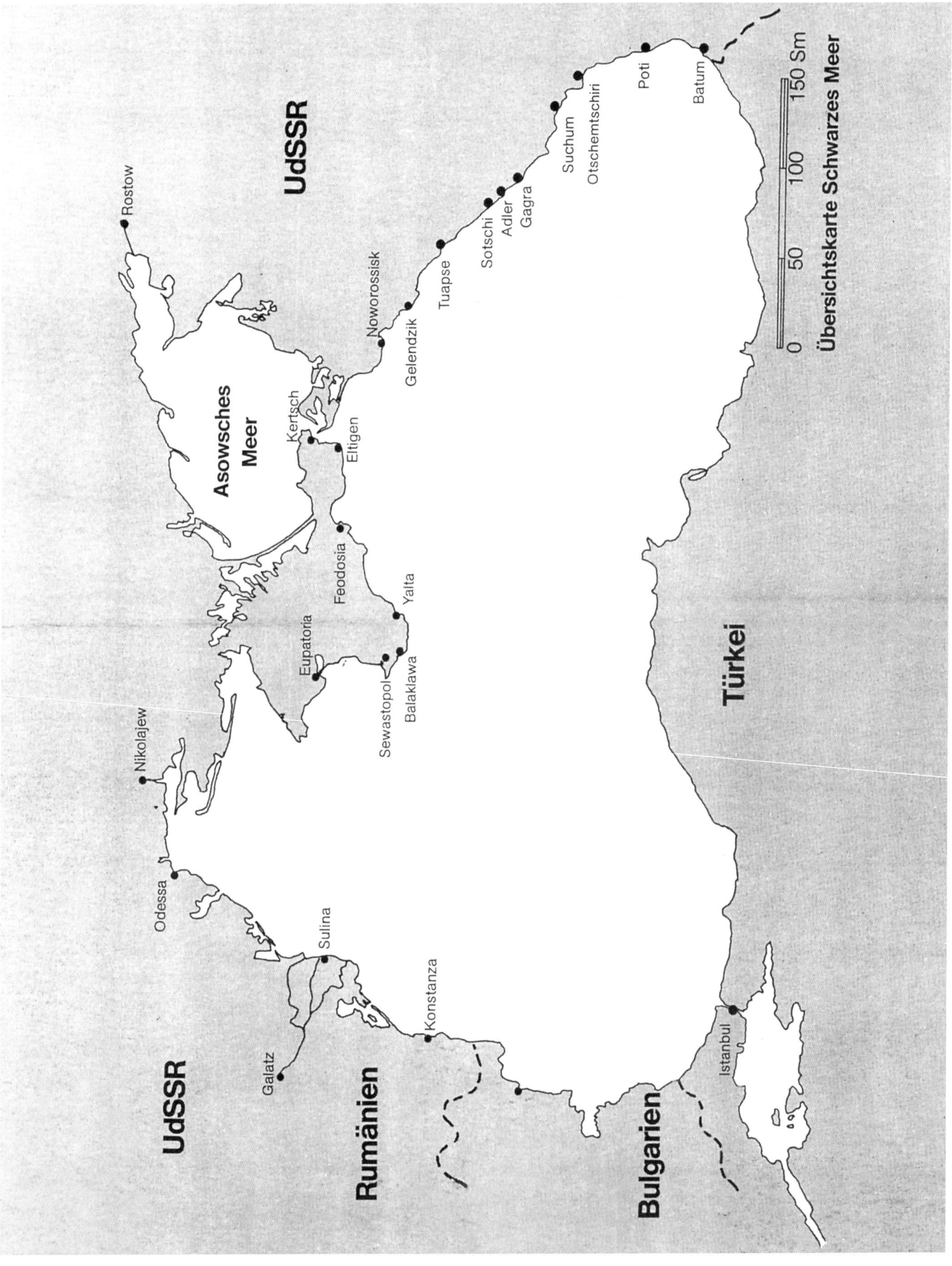

Übersichtskarte Schwarzes Meer

Zeit- und Ortsangaben über den Einsatz der U-Boote

U 9

11.11. 1942 – 01.12. 1942	(20)	Schmidt-Weichert	Poti/Batumi
19.12. 1942 – 07.01. 1943	(19)	Schmidt-Weichert	Poti/Batumi
03.02. 1943 – 03.03. 1943	(28)	Schmidt-Weichert	Noworossisk/Tuapse
17.04. 1943 – 10.05. 1943	(23)	Schmidt-Weichert	Kap Uc Dere/Gagry/Suchumi
20.05. 1943 – 12.06. 1943	(23)	Schmidt-Weichert	Adler/Kap Pizunda
26.08. 1943 – 10.09. 1943	(15)	Klapdor	Poti – Minenunternehmung
02.10. 1943 – 06.11. 1943	(36)	Klapdor	Aluschta/Sotschi
28.11. 1943 – 25.12. 1943	(27)	Klapdor	Poti/Batumi
19.02. 1944 – 28.02. 1944	(9)	Klapdor	Einsatz abgebrochen
23.03. 1944 – 06.04. 1944	(14)	Klapdor	Einsatz abgebrochen
26.04. 1944 – 28.05. 1944	(32)	Petersen	Tuapse/Sotschi
15.07. 1944 – 11.08. 1944	(27)	Klapdor	Krim/Tuapse/Sotschi

20.08.1944 Totalverlust durch Fliegerbomben in Konstanza

U 18

26.05. 1943 – 09.06. 1943	(14)	Fleige	Suchumi/Gagry/Poti
16.06. 1943 – 22.07. 1943	(36)	Fleige	Tuapse/Suchumi
21.08. 1943 – 24.09. 1943	(34)	Fleige	Batumi/Tuapse/Gelendzik
27.10. 1943 – 24.11. 1943	(28)	Fleige	Batumi/Tuapse
29.01. 1944 – 29.02. 1944	(31)	Fleige	Tuapse/Batumi
25.03. 1944 – 27.04. 1944	(33)	Fleige	Gelendzik/Tuapse
24.05. 1944 – 07.06. 1944	(14)	Arendt	Tuapse
24.07. 1944 – 16.08. 1944	(23)	Fleige	Poti

25.08.1944 Selbstversenkung vor Konstanza

U 19

21.01. 1943 – 19.02. 1943	(29)	Gaude	Tuapse/Noworossisk
17.03. 1943 – 30.03. 1943	(13)	Gaude	Gagry/Kap Uc Dere
14.04. 1943 – 04.05. 1943	(20)	Gaude	Tuapse/Gagry
16.06. 1943 – 10.07. 1943	(24)	Gaude	Batumi
25.07. 1943 – 24.08. 1943	(30)	Gaude	Gagry
11.11. 1943 – 02.12. 1943	(21)	Ohlenburg	Tuapse/Sotschi
22.12. 1943 – 19.01. 1944	(28)	Ohlenburg	Poti
10.02. 1944 – 07.03. 1944	(25)	Ohlenburg	Poti/Chopi-Mündung
10.04. 1944 – 06.05. 1944	(26)	Ohlenburg	Poti/Gelendzik
06.06. 1944 – 08.07. 1944	(32)	Ohlenburg	Tuapse/Kap Idokopas
25.08. 1944 – 11.09. 1944	(17)	Ohlenburg/Verpoorten	Konstanza

11.09.1944 Selbstversenkung vor der türkischen Küste

U 20

22.06.1943	– 29.06.1943	(7)	Schöler	Noworossisk (Einsatz abgebrochen)
11.07. 1943	– 07.08. 1943	(27)	Schöler	Poti – Minenunternehmung
16.09. 1943	– 12.10. 1943	(26)	Schöler	Poti/Anapa – Minenunternehmung
08.11. 1943	– 09.12. 1943	(31)	Grafen	Gagry/Suchumi
01.01. 1944	– 26.01. 1944	(25)	Grafen	Batumi
22.02.1944	– 27.03. 1944	(33)	Grafen	Poti/Trapzon – Minenunternehmung
11.06. 1944	– 11.07. 1944	(30)	Grafen	Trapzon/Adler/Pizunda
19.08. 1944	– 10.09. 1944	(22)	Grafen	südlich Konstanza

10.09.1944 Selbstversenkung vor der türkischen Küste

U 23

27.06. 1943	– 19.07. 1943	(22)	Wahlen	Otschemtschiri
10.08. 1943	– 09.09. 1943	(30)	Wahlen	Kap Kodor/Batumi/Poti
10.10. 1943	– 11.11. 1943	(32)	Wahlen	Poti
14.12. 1943	– 07.01. 1944	(24)	Wahlen	Poti/Suchumi
30.03. 1944	– 24.04. 1944	(25)	Wahlen	Anakria/Batuml
17.05. 1944	– 07.06. 1944	(21)	Wahlen	Poti
16.08. 1944	– 10.09. 1944	(25)	Arendt	Poti/Krim/Konstanza/Tuzla

10.09.1944 Selbstversenkung vor der türkischen Küste

U 24

27.10. 1942	– 09.11. 1942	(13)	Petersen	Poti/Batumi
24.11. 1942	– 16.12. 1942	(22)	Schöler	Poti/Batumi
18.01. 1943	– 18.02. 1942	(31)	Schöler	Adler/Sotschi/Noworossisk
14.03. 1943	– 15.04. 1943	(32)	Schöler	Gagry/Idakopas/Tuapse
05.06. 1943	– 29.06. 1943	(24)	Petersen	Gelendzik
26.07. 1943	– 25.08. 1943	(30)	Petersen	Suchumi/Sotschi/Gagry
30.09. 1943	– 04.11. 1943	(36)	Petersen	Suchumi
15.01. 1944	– 10.02. 1944	(26)	Petersen	Poti
04.03. 1944	– 02.04. 1944	(29)	Petersen	Trapzon/Sotschi
02.05. 1944	– 30.05. 1944	(28)	Landt-Hayen	Poti/Batumi
13.07. 1944	– 04.08. 1944	(22)	Lenzmann	mittlere Kaukasusküste

25.08.1944 Selbstversenkung vor Konstanza

U-Boot-Ehrenmal Möltenort an der Kieler Förde

Gedenkstätte für die im Ersten und Zweiten Weltkrieg auf See gebliebenen U-Boot-Männer.

Von den 41.000 Angehörigen der U-Boot-Waffe des Zweiten Weltkrieges blieben 30.003* auf See und kehrten nicht mehr in ihre Einsatzhäfen zurück!

739 Boote gingen mit ihren Besatzungen von 1171 bis Mai 1945 in Dienst gestellten Unterseebooten durch Feindeinwirkung verloren.

*Ermittlungstand Februar 1996

Anhang

Literaturverzeichnis

Arendt, Rolf: *U 23* – Letzter Feindeinsatz (ungedruckte Quelle).

Enders, Gerd: Auch kleine Igel haben Stacheln. Deutsche U-Boote im Schwarzen Meer, Herford 1984

Enders, Gerd: Raketenschießversuche auf Schwarzmeer-U-Booten, in: Schiff & Zeit, H. 40/1989

Enders, Überlandtransport deutscher U-Boote, in: Schiffahrt international, 1989.

Hillgruber, Andreas: Die Räumung der Krim, in: Wehrwissenschaftliche Rundschau, H9/1959.

Kriegstagebuch *U 18* – vierter Einsatz, Militärarchiv/ Bundesarchiv Freiburg

Meister, Jörg: Der Seekrieg in den osteuropäischen Gewässern 1941-1945, München 1958.

Potter, Elmar B./Nimitz, Chester/Rohwer, Jürgen: Seemacht. Eine Seekriegsgeschichte von der Antike bis zur Gegenwart, deutsche Fassung hrsg. von Jürgen Rohwer.

Rohwer, Jürgen: U-Boot-Erfolge im Schwarzen Meer, Stuttgart 1996.

Tankkahntransporte 1939-1940, Deutsch-Amerikanische Petroleumgesellschaft 1941 (unveröffentlichtes Manuskript), Herrsching 1986.

Abkürzungsverzeichnis

Nationalität, UdSSR = sj / Rumänien = ru

Kriegsschiffe

ABC	U-Boot-Falle
CL	Leichter Kreuzer
CGC	Küstenwachkreuzer
CM	Minenkreuzer
DD	Zerstörer
LC	Landungsfahrzeug
LCT	Tank-Landungsboot
LS	Landungsschiff
MbT	Motorboot
PC	Unterseebootjäger
PE	Korvette
PF	Fregatte
PG	Kanonenboot
PM	Minensuchboot
PR	Minenräumboot
PT	Schnellboot
PY	Patrouillenboot
SS	U-Boot
TB	Torpedoboot
Y..	Hafenfahrzeug

Handelsschiffe

Bg	Leichter
D	Dampfer
Df	Fischdampfer
DT	Tankdampfer
Dt	Schleppdampfer
M	Motorschiff
Mf	Fischmotorschiff
Mt	Tankmotorschiff
S	Segler
T	Tankschiff

Zeichenerklärungen

+	Schiff gesunken
+?	Schiff wahrscheinlich gesunken
=	Schiff beschädigt
&	Schiff eingebracht, aufgesetzt oder nicht reparierbar – Totalschaden
?	Schiff nur vom angreifenden U-Boot gemeldet
%	Schiff nur geringfügig beschädigt – Kanone, MG, Splitter
=	vor Tonnageangabe – Schiff war beschädigt als es versenkt wurde
M	Mine . . . gelegt am
/	Schiff gehoben und wieder im Dienst
..	--- Angriff ohne Erfolg gefahren

Personenregister

Begriffserläuterungen

Abwracken	Total Abbau eines Bootes
Achterdeck	Oberdecksbereich hinter dem Turm
achterlastig	Ein mit dem Heck tiefer liegendes Boot
Admiral Hipper	Schwerer Kreuzer
Admiral Scheer	Schwerer Kreuzer
AK	Äußerste Maschinenkraft
Anlegeprahm	Antriebsloses Schiff oder Kahn zum Festmachen von Booten und Schiffen
Areal	Größere Bodenfläche
ASDIC	Unterwasser-Schallortungsgerät
ASM	Admiral Schwarzes Meer
Aufschleppanlage	Technische Einrichtung zum Aufschleppen von Booten und Schiffen gegen den Strom
Ausleger	Stabilisator; Gegengewicht, das das Kentern eines Bootes verhindert
Außerdienststellung	Betriebsende eines Bootes
Backbord	Die linke Seite eines Bootes in Richtung Bug
Back (wasserdichte)	Hohlraum unter der Bugverkleidung, der bei Seegang durch das Luftpolster ein starkes Unterschneiden des Bugs abschwächt
Ballastkiel	Stabilisator über die Längsachse eines Bootes
Batumi	Größter russischer Schwarzmeerhafen an der Kaukasusküste
BdU	Befehlshaber der Unterseeboote
Blitzsieg	Ein in kürzester Zeit erzielter Landkriegserfolg
Brückenverkleidung	Strömungsgünstige und Schutz bietende Ummantelung des druckfesten Turmes
Bug-/Bugbereich	Der vorderste Teil eines Bootes außen und innen
Bugsierfahrzeug	Ein kleines Schiff, das beim Verlegen großer Schiffe im Hafen als Schlepper verwendet wird
Bukarest	Rumänische Hauptstadt
Burgau II	Donauschlepper der I. DDSG Wien
BV 138	Abkürzung für deutsches Flugzeug Typ »Blohm & Voss«
CL 6651	Buchstaben- und Zahlenschlüssel für ein damit gekennzeichnetes Planquadrat
CO_2	Chemische Formes für Kohlendioxyd
Dardanellen	Türkische Meerenge
DAPG	Deutsch-Amerikanische Petroleumgesellschaft
DDSG	Donau-Dampfschiffahrts-Gesellschaft
Deck	Auf dem Druckkörper eines U-Bootes aufliegende Beplankung
Dock	Einrichtung zum Trockenstellen eines Bootes für Reparaturen oder Wartungsarbeiten unter der Wasserlinie
Donaudelta	Weitverzweigtes Mündungsgebiet der Donau ins Schwarze Meer
Drehgestell	Drehbar gelagerter Stützpunkt
Dresden-Übigau	U-Boot-Umschlagplatz an der Elbe
Druckausgleich	Anpassung des Innen- und Außenluftdruck bei U-Booten
Druckkörper	Geschweißte, stählerne Bootshülle
Echolot	Elektrisches Tiefenmeßgerät
Einbaum	U-Boot, das nur aus einer Druckkörperhülle besteht
Eindocken	Verlegen eines Bootes ins Dock
Etmal	Von Mittag bis Mittag zurückgelegte Fahrtstrecke eines Bootes
Evakuierungskonvoi	Abtransport von Menschen und Material bei der Räumung eines Stützpunktes mit Schiffen

Fährprahm	Flachgehendes Landungs- und Transportboot
Flak	Kurzwort für Flugzeug-Abwehrkanone
Flugkörper	Unbemannte Rakete oder Werfergeschoß
Fluten	Entlüften der Tauchzellen bei einem U-Boot
Flutschlitze	Kleine Öffnungen auf beiden Seiten der Bugverkleidung über der Wasserlinie
Fort	Festungswerk
FS/FT	Abkürzung für Funkspruch/Funktelegramm
Funkbeschickung	Abstimmung der Sende- und Empfangsanlage
Funkschapp	Bezeichnung für Funkraum
Galatz	Rumänische Hafenstadt am Unterlauf der Donau
Geleit	Zur Sicherung und zum Schutz eines U-Bootes abgestellte Begleitschiffe
GHG	Abkürzung für Gruppen-Horchgerät
Gotenhafen	Ehemalige deutsche Hafenstadt in der Danziger Bucht
Gradzahlen	Markierungen mit Zahlen auf Skalen und Geräten
Grätings	Lattenroste aus Holz
Heckbereich/-raum	Hinterer Teil außerhalb und innerhalb eines U-Bootes
Hermsdorfer Kreuz	Autobahnkreuz in Thüringen
Horchpeilung	Bestimmung und Einordnung von Fremdgeräuschen
Indienststellung	Inbetriebnahme eines Bootes
Ingolstadt	Stadt an der Donau und U-Boot-Umschlagplatz
Joch	Wasserdurchlaß zwischen zwei Brückenpfeilern
Kaiser-Wilhelm-Kanal	Künstlicher Wasserweg von der Ost- zur Nordsee
Kap	Hohe, ins Meer hinausragende Landspitze oder -zunge
K-Boot	Abkürzung für Kanonenboot
Kiel	Landeshaupt- und Marinestadt
Kiel	Untere Längsachse eines Bootes oder Schiffes
Knoten	Meßwert für Geschwindigkeit
Kombüse	Schiffsküche
Kombüsenluk	Einstiegsöffnung zwischen Zentrale und Maschinenanlage
Konstanza	Größte rumänische Hafenstadt am Schwarzen Meer
Konvoi	Geschützt fahrender großer Schiffsverband
kopflastig	Ein mit dem Bug tiefer liegendes U-Boot
Kortdüse	Ummantelung der Schiffsschraube
KR-KR	Abkürzung, für Funkspruch von höchster Wichtigkeit
Kreta	Mittelmeerinsel
Krim	Russische Halbinsel im Schwarzen Meer
Krupp-Germania	Deutsche Schiffbauwerft
Kuhlemeyer-Tieflader	Spezielles Trägerfahrzeug für Schwerlasttransporte
Lazarewskoje	Kleiner Ort an der russischen Kaukasusküste
Leichtern	Gewichtsverringerung
Lenzpumpe	Aggregat zum Aus- und Umpumpen von Wasser aus Tanks, Zellen und Bilgen
LI	Leitender Ingenieur
Lichte Höhe	Grenzwert für eine Durchfahrtshöhe und -breite bei Unterführungen
Linz	Österreichische Groß- und Hafenstadt an der Donau

MG	Abkürzung für Maschinen-Gewehr
Marmarameer	Türkisches Seegebiet südlich des Bosporus
Maschine	Gesamtheit der Antriebsaggregate eines U-Bootes
Minensperre	Ein zum Schutz eines Hafens und seiner Zufahrt verlegter Seeminengürtel
Mündungsklappe	Äußerer Abschluß des Torpedorohres
Netzsperre	Ein zur Sicherung von Hafenein- und Zufahrten unter Wasser an Trägern hängendes Stahlnetz
Odessa	Hafenstadt am Schwarzen Meer
Ortungsgerät	Anlage zur Standortermittlung eines Fremdfahrzeuges
Operationsgebiet	Räumlich begrenztes Seegebiet für Angriff und Überwachung
Päckchen	Mehrere, nebeneinanderliegende U-Boote
Peilung	Standortbestimmung für ein Boot oder auch Verbrauchskontrolle für Betriebsstoffe
Pier	Natürliche oder künstliche Anlegestelle
Pillau	Ehemaliger deutscher Marinestützpunkt in der Ostsee
Piräus	Griechische Hafenstadt im Mittelmeer
Ponton	Antriebsloser, schwimmfähiger Hohlkörper
Poti	Russischer Seestützpunkt an der Kaukasusküste
Prinz Eugen	Schwerer Kreuzer
Querhelling	Ablaufanlage für Boote und Schiffe beim Stapellauf in Querlage
Radar	Funkortungsgerät
R-Boot	Abkürzung für Minenräumboot
Regensburg	Bayerisches Stadt an der Donau
Rollbahn	Nachschub-Transportweg über Land oder See
S-Boot	Schnellboot
Schleuse	In Schiffshebewerke eingebautes Becken mit wasserdicht verschließbaren Toren zum Heben und Absenken von Schiffen mittels Umpumpen oder Fluten
seeklar	Zustand eines auslaufbereiten Bootes
Seemine	Treibende oder verankerte Abwehrwaffe gegen U-Boote und Schiffe
Sehrohr	Ausfahrbares, um die eigene Achse drehbares Sichtgerät
Schnellentlüftung	Mechanischer Verschluß an der Tauchzelle, durch den beim Aufreißen die Tragluft schlagartig entweichen kann
Schulflottille	Bootsverband für Ausbildungszwecke
Schwanzwelle	Endteil des Antriebs mit Schiffsschraube
Sewastopol	Bedeutendste Festungs- und Hafenstadt der Krim
Slipanlage	Anlage am Wasser zum Überführen von Schiffen mit Hilfe von Schienen, Wagen und Winden aus und ins Wasser
sm	Abkürzung für Seemeile
Smut	Bezeichnungs für Schiffskoch
Sotschi	Hafen- und Kurstadt an der russischen Kaukasusküste
Sperrlücke	Minenfreier Fahrweg vor einem Hafen
Stelling	Schmaler Holzlaufsteg
Steuerbord	Die rechte Seite eines Bootes in Richtung Bug
stromauf	Gegen die Fließrichtung
Stützpunkt	Zentraler Ausgangspunkt für Operationen
Suchumi	Hafenstadt an der russischen Kaukasusküste
Sulina	Kleiner rumänischer Ort am Donaudelta

T-Boot	Abkürzung für Torpedoboot
Taman-Halbinsel	Gebiet östlich der Straße von Kertsch
Tankkahn	Spezielles Schiff zum Transport von Kraftstoffen
Taucher	Spezialist mit Schutzkleidung für Arbeiten unter Wasser
Tauchmanöver	Alle mit dem Übergang zur Unterwasserfahrt verbundenen Maßnahmen
Tauchretter	Individuelles Unterwasser-Atmungs- und Rettungsgerät
Territorium	Gebiet eines Landes
Tiefe A	Tauchtiefe = 80 m
TMB	Abkürzung für dt. Seeminentyp
Torpedoluk	Öffnung zur Übernahme von Torpedos im Vorschiff
Torpedorohr	Abschußeinrichtung für Torpedo
Trägertrog	Die für den Transport eines U-Bootes angepaßten und verbundenen Pontons
Trident	Name eines englischen U-Bootes
Tuapse	Russischer Marinestützpunkt an der Kaukasusküste
Turm	Senkrecht auf dem Druckkörper aufgeschweißter Turmteil
Turmluk	Oberster Bootsabschluß und zugleich Ein- oder Ausstieg in oder aus der Zentrale
Typ	Klassifikationsmerkmal
TUZO	Torpedo-Überwasser-Zielgerät
U-Bootfalle	Getarntes, schnelles und stark bewaffnetes Überwasserschiff zur Bekämpfung von U-Booten
U-Flottille	Gruppe von U-Booten, die in einem vorgegebenen Seegebiet operieren
ULD	U-Boot-Lehrdivision
Varna	Bulgarische Hafenstadt am Schwarzen Meer
Verstärker	Technischer Geräteteil zur Erhöhung der Empfangs- und Sendequalität im Funkverkehr
Wasserlinie	An der Wasseroberfläche um den Bootsrumpf gebildete Linie
Werft	Schiffsbauunternehmen am Wasser
Wintergarten	Hintere Brückenplattform eines U-Bootes
YBBS	Name eines Donauschleppers
Zentrale	Funktionsmittelpunkt eines U-Bootes
Zusatzschwimmträger	Pontons, die die Transportsicherheit eines Bootes mit der Erhaltung des vorgegebenen Tiefganges gewährleisten

Georg Ernst

Bis zur letzten Stunde

Illusionen und Wirklichkeit

224 Seiten, 16 x 24 cm, 20 s/w-Abb., geb., mit Schutzumschlag, ISBN 3-8132-0483-9

Der gnadenlose U-Boot-Alltag aus der Sicht der Mannschaft. Ideale im Gegensatz zur Realität: strenge Ausbildung, strapaziöse Einsätze, Angriffe, Havarien.

Klaus Mattes

Die Seehunde

Klein-U-Boote

224 Seiten, 21 x 27 cm, 168 s/w-Abb., 36 Skizzen, geb., mit Schutzumschlag, ISBN 3-8132-0484-7

Eine historisch fundierte Darstellung über die Entwicklung und den militärischen Einsatz der 2-Mann-U-Boote von Januar bis Mai 1945.

Karl-Friedrich Merten

Nach Kompass

Lebenserinnerungen eines Seeoffiziers

528 Seiten, 16 x 24 cm, 50 s/w-Abb., gebunden, mit Schutzumschlag, ISBN 3-8132-0414-6

Merten war einer der erfolgreichsten U-Boot-Kommandanten im Zweiten Weltkrieg. Der Band bietet außergewöhnlich gute Einblicke in die Kriegsmarine.

W. Müller/R. Kramer

Gesunken und Verschollen

Menschen und Schiffsschicksale Ostsee 1945

2., überarbeitete Auflage, 268 Seiten, 21 x 27 cm, 215 s/w-Abb., 21 Karten, geb., mit Schutzumschlag, ISBN 3-7822-0665-7

Auf der Grundlage von Erinnerungsberichten, Dokumenten, Archivalien, Karten und Fotos wird hier das Ende des Zweiten Weltkrieges im Bereich der südwestlichen Ostsee dargestellt. Zahlreiche seltene Fotos ergänzen das äußerst sorgfältig zusammengestellte Buch, das für Schiffsinteressierte, Historiker und Hobbytaucher eine echte Fundgrube darstellt.

Wilhelm Schulz

Über dem nassen Abgrund

Als Kommandant und Flottillenchef im U-Boot-Krieg

232 Seiten, 16 x 24 cm, 54 s/w-Abb., gebunden, mit Schutzumschlag, ISBN 3-8132-0422-7

Lebensbild eines deutschen Marine-Offiziers, der auch unter extremen Bedingungen als Mensch und Vorgesetzter vorbildlich handelte.

KOEHLER/MITTLER

HAMBURG BERLIN BONN

Rainer Busch/Hans-J. Röll

Der U-Boot-Krieg 1939 bis 1945

Dieses neue einmalige Nachschlagewerk berücksichtigt alle bekanntgewordenen Daten und Fakten

Band 1

Die deutschen U-Boot-Kommandanten

320 Seiten, 16 x 24 cm,
96 s/w-Abb., gebunden,
ISBN 3-8132-0490-1

Im ersten Band der auf fünf Bände konzipierten neuen Reihe werden 1411 U-Boot-Kommandanten des Zweiten Weltkrieges mit einer kurzen Biographie vorgestellt. Ein einmaliges Nachschlagewerk.
Die Nachfolgebände erscheinen halbjährlich.

Themen der weiteren Bände:

Band 2:

Der U-Boot-Bau auf deutschen Werften von 1935 bis 1945

Band 3:

Deutsche U-Boot-Erfolge von September 1939 bis Mai 1945

Band 4:

Deutsche U-Boot-Verluste von September 1939 bis Mai 1945

Band 5:

Die Ritterkreuzträger der U-Boot-Waffe 1939 bis 1945

Subskriptionspreis bei Bestellung des Gesamtwerkes

neu

H. Nöldeke/V. Hartmann

Der Sanitätsdienst in der deutschen U-Boot-Waffe

224 Seiten, 16 x 24 cm, 20 s/w-Abb., gebunden, mit Schutzumschlag, ISBN 3-8132-0501-0

In diesem Buch wird erstmals dokumentiert, unter welchen Voraussetzungen medizinische Betreuung insbesondere im Einsatz bei der U-Boot-Waffe durchgeführt wurde. Die Probleme waren äußerst vielfältig. Ein umfassender Beitrag.

Georg Högel

Embleme – Wappen – Malings deutscher U-Boote 1939 bis 1945

2., erweiterte und überarbeitete Auflage, 332 Seiten, 117 s/w-Abbildungen, 16 x 24 cm, geb., mit farbigem Bezug, ISBN 3-7822-0650-9

Georg Högel hat als ehemaliger U-Boot-Fahrer im Zweiten Weltkrieg das Entstehen dieser Abzeichen erlebt. Er hält in seinem Buch die Erinnerung an legendäre, manchmal sehr originelle und unvergessene Abzeichen deutscher U-Boote wach.

Harald Bendert

U-Boote im Duell

190 Seiten, 21 x 27 cm, 174 s/w-Abb., 13 Karten, geb., mit Schutzumschlag, ISBN 3-8132-0516-9

U-Boote gegen U-Boote. Eine umfassende chronologische Darstellung der U-Boot-Gefechte mit Hintergrundinformationen zur jeweiligen militärischen Lage. Eine Vielzahl unveröffentlichter Fotos und eine Tabelle mit den wichtigsten Daten ermöglicht dem Leser den Vergleich der einzelnen Boote.

KOEHLER/MITTLER

HAMBURG BERLIN BONN

U 17-24

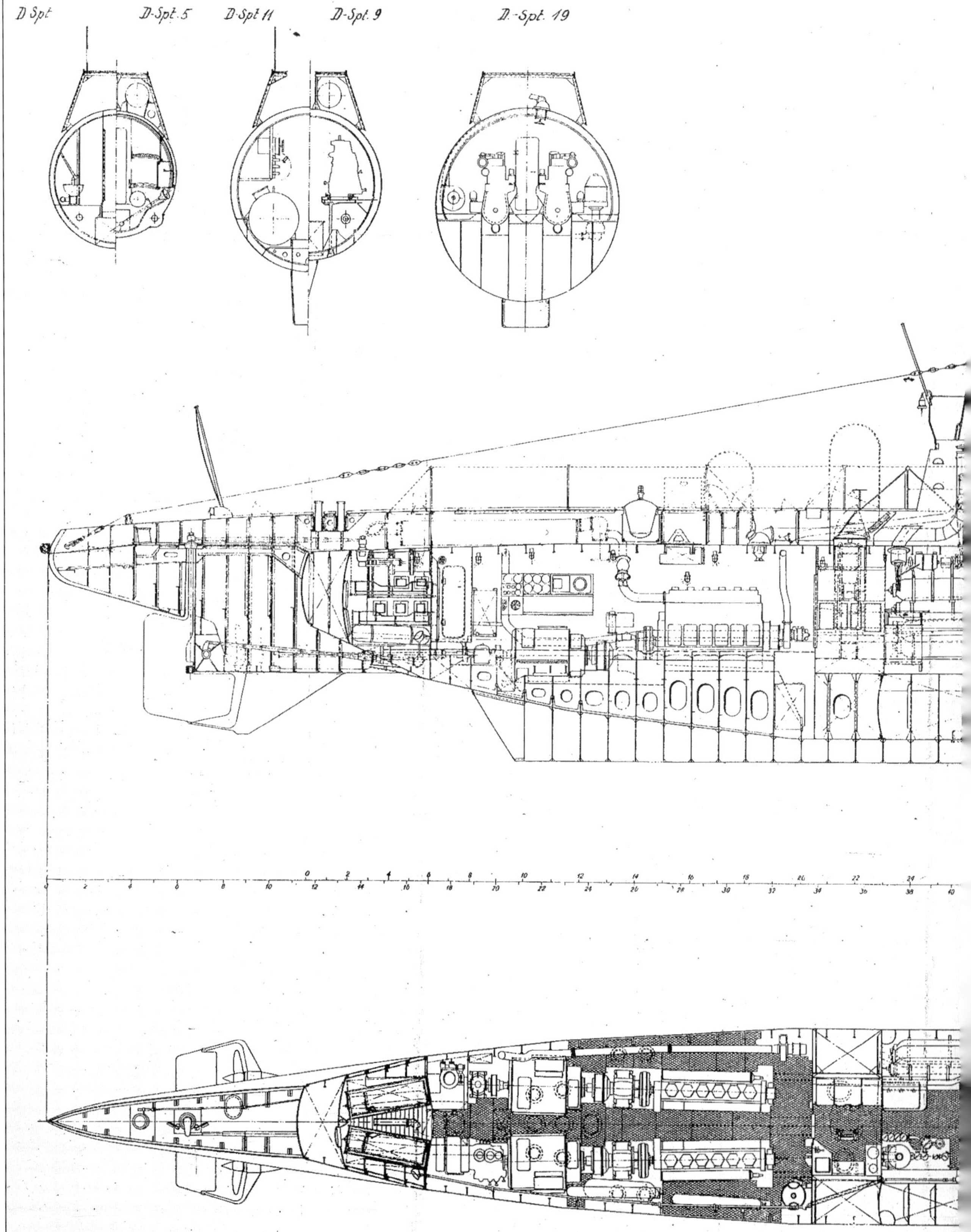